ESG경영과 진짜 실무

실무 중심으로 다시 쓰는
ESG 경영 메뉴얼

ESG

ESG경영과 진짜 실무

박원일 지음

AI 시대, 남들과 다른 인사이트는 어디서 나올까?
확실한 ESG 개념이 당신의 경쟁력이 된다.

독자에게

ESG라는 단어가 심심찮게 보이는 지금도 ESG에 관한 실질적인 정보는 아주 제한적입니다. 현행 강의나 책 대부분이 탁상공론 수준을 벗어나지 못하고 있습니다. 실제 업무에 ESG를 적용해야 하거나 비즈니스 현장에서 ESG의 실질적 활용 방안을 찾고자 하는 분들로선 이러한 현실이 답답할 수밖에 없습니다.

이 책은 ESG를 이해하고 현실에서 활용하고자 하는 분들을 위해 누구나 쉽게 이해하고 실무에 즉시 적용할 수 있도록 꼭 필요한 핵심 요소만을 엄선해 담았습니다. ESG에 막 관심을 가지기 시작한 입문자부터 관련 업무를 담당하는 실무자, 기업 대표까지도 읽을 수 있는 책을 목표로 삼았습니다. ESG는 필연적으로 기업 전체의 업무 방향에 영향을 미치기에, 이제 ESG는 모든 직장인이 반드시 알아야 할 필수 요소라고 할 수 있습니다.

비즈니스 세계에서 ESG는 이제 선택이 아닌 필수입니다. 그럼에도 불구하고 실상 ESG가 무엇인지, 그리고 지금의 ESG 관련 제도를 어떻게 이용할지를 명료하게 이해하고 적용하는 기업은 아주 드뭅니다. 대부분은 때가 되면 '벼락치기'로 보고서를 작성하는 데에 급급할 뿐입니다. 이는 현실적인 어려움 때문인데, 우선 내용이 어렵고, 접근하기가 힘듭니다. 컨설팅을 받기에는 비용이 너무 비싸고, 인터넷에 검색을 해 보아도 관련된 내용은 너무 학술적이거나 지엽적인 내용이 많습니다. 이 과다한 정보 속에서도 필요한 내용을 찾기는 어렵습니다. 결과적으로는 컨설팅을 받는 데에 필요 이상의 비용을 심지어 반복적으로 지출하게 됩니다.

ESG와 관련된 업계 상황은 정치적, 경제적 환경 변화에 따라 매번 변화하는 것처럼 흔히 조명됩니다. 하지만 ESG 관련 업무를 맡은 실무자의 입장에서는 세부적인 변화와 무관한 지속적인 업무 수행이 필요합니다. 정책의 세부 흐름을 놓치지 않고 따라가는 것도 중요하지만, 결국 업무의 본질을 올바르게 이해하고 스스로만의 방법론을 정립한다면 외부 상황이 변화한대도 그와는 별개로 독자적인 업무 수행이 가능할 것입니다.

'책을 써야겠다'고 결심했을 때부터 지금까지 제 목표는 변함없었습니다. 이 책을 통해 기업의 규모나 업종에 관계없이 누구나 적용할 수 있는 현실적 전략과 방법론을 제시하여, 각자가 자신만의 ESG 전략을 구축할 수 있도록 돕고자 했습니다. ESG는 필연적으로 기업의 전반적인 업무 방식에 영향을 미치기에, 이제는 모든 직장인이 반드시 알아야 할 필수 요소라 할 수 있습니다.

이 책을 통해 독자들이 ESG에 대한 명확한 가치관을 정립하고, 실무에서 바로 적용할 수 있는 구체적인 방법을 습득할 수 있기를 바랍니다.

들어가며

살다 보면, 그리고 일을 하다 보면 무엇이 옳고 그른지 헷갈리는 순간이 온다. 당신도 아마 겪어 보았을 것이다. 어제까지도 당연히 해 온 일들이 갑자기 낯설게 느껴지고, 어떻게 살아야 할지 알 수 없어진다. 내게는 그 시기가 일을 시작한 지 십 년 즈음 되었을 때 찾아왔다. 당시 나는 직장 내에서 상을 몇 번 받기도 했고, 내외부에서 나를 찾는 사람들이 많아 두루 인정을 받고 있었다. 아마 밖에서 보기엔 안정적인 커리어를 쌓아가며 성공의 궤도 위에 올라선 사람으로 보였을 것이다. 하지만 내 안에서는 점점 혼란이 싹트고 있었다. 내가 하고 있는 일이 정말 의미가 있는 건지, 내가 추구하는 가치와 일치하는지 계속 의구심이 들었다. 돌아보니 나는 언젠가부터 목적의식 없이 정해진 길을 그저 따라가고 있었다. 이런 생각을 파고들다 보니 점점 더 본질적인 질문을 마주하게 되었다. 나는 옳은 일을 하고 있는가? 직장에서의 인정과 안정적인 삶이 정말 내가 원하는 모든 것인가?

그 질문에 대한 답을 찾기 시작했다. 내가 걸어 온 길이 정말 옳은지 의문을 품기 시작하자, 무엇을 따라야 할지 점점 더 알 수 없어졌다. 그렇게 나는 내 커리어와 삶의 방향을 다시 한 번 돌아보게 되었다. 나름대로 괜찮은 삶을 살고 있었지만, 그 안에서 내가 진정으로 추구해야 할 가치를 놓치고 있다는 생각이 강하게 들었다. 옳은 일을 하는 것이란 단순히 눈앞의 성공을 쫓는 것이 아니라, 더 큰 의미와 가치를 추구하는 것임을 깨닫게 되었다. 그때 쉬운 게임을 그만두고, 더 어렵고 험난한 길을 택하기로 마음먹었다.

당시 나는 기관에서 중소기업들이 지속 가능한 성장을 이루고 경쟁력을 높일 수 있도록 지원하는 일을 맡고 있었다. 수많은 중소기업들과 만나 그들이 직면한 현실적인 어려움과 한계를 직접 목격했다. 대부분의 기업들은 자원도 인력도 항상 부족한 상황에서도 더 나은 경영 방식을 찾기 위해 노력하고 있었다. 실효성 있는 도움을 주기 위해 나름대로 최선을 다했지만 아쉬움이 남을 때도 많았다. 더 가치 있는 삶을 살기 위해서는 일에서도 변화가 필요했다. 일을 통해 정말 내가 가치 있는 변화를 만들어내고 있다는 더 강력한 확신을 갖고 싶었다.

더 근본적이고 지속적인 변화를 만들고 싶었다. 어떻게 해야 내가 만나는 기업들에게 보다 근본적인 변화를 만들어줄 수 있을지 그 방법을 찾기 시작했다. 기업, 특히 중소기업들은 매일이 전쟁이다. 갖가지 문제가 예상치 못한 곳에서 터지곤 한다. 어떤 사람은 내게, 중소기업의 일이란 "매일 수도관이 터지는 낡은 집에서 물이 터질 때마다 고치고, 또 그 다음 물이 새는 곳을 보수하는… 그런 일의 연속 같다"고 이야기하기도 했다. 판로는 항상 모자라다. 문제들은 재난처럼 예상치 못한 곳에서 터진다. 이번 분기를 잘 넘어가더라도 다음 분기에는 또 어떻게 될지 알 수 없다. 손은 항상 부족하고, 해야 할 일은 태산이다. 기업의 이런 상황을 잘 알고 있었지만, 그럼에도 나는 근본적인 변화를 만들어낼 수 있다고 생각했다. 잠시 숨을 돌리도록 돕는 정도를 넘어서, 장기적으로 기업이 성장하는 데에 확실한 지원을 제공했다고 느끼고 싶었다. 당시로서는 아직 막연해 보이는 생각이었다.

그때 내 눈에 들어온 것이 바로 ESG였다. 처음 ESG에 대해 알게 되었던 때를 기억한다. 신선한 충격을 받았다. 환경Environment, 사회Social, 지배구조Governance를 아우르는 이 개념은 단순한 경영 전략이 아니라, 기업과 사회가 더 나은 미래를 위해 함께 나아가야 할 방향성을 제시하고 있었다. 무엇보다도, 개인의 성공과 기업의 성장에 그치지 않고, 사회와 환경에 긍정적인 영향을 미치는 방식으로 일해야 한다는 점이 흥미를 자극했다. 개별 기업 차원을 넘어 기업이 다른 주체들과 맺는 관계까지도 고려하는 이러한 관점은 시선을 내부에서 외부까지 확장할 수 있도록 만들었다. 이후 ESG에 대해 더 깊게 알아갈수록, 나는 ESG가 진정으로 우리가 택할 수 있는 더 나은 방식이라는 확신을 갖게 되었다.

ESG는 내가 그동안 품고 있었던 혼란과 갈등에 대한 답을 제공해 주었다. 내가 추구해야 할 '옳은 길'이 여기에 있었다. 이윤만을 좇는 오래된 세계관을 넘어, 더 나은 세상을 만드는 데 기여할 수 있는 경영 원리를 찾아낸 것이다. 그 순간 나는 내 경로를 바꿔, ESG에 대해 더 깊이 배우고 실천하기로 결심했다. 그 과정은 쉽지 않았고, 주변에서도 의구심을 표하는 사람들이 많았다. 그러나 나는 확신했다. 기업이 성공하기 위해서는 이제 더 이상 전통적인 방식만으로는 충분하지 않다. ESG는 이제 선택이 아니라, 미래를 위한 필수적인 경영 전략이다. ESG는 설령 그 기준이 바뀌고 단어가 바뀔지라도 살아남을 것이다. ESG는 단순 새로운 규제 방식이 아닌, 근본적인 패러다임 전환의 시발점이 될 것이다.

현실적으로도 그렇다. 이제 ESG를 외면할 수 있는 기업은 없다고 단언할 수 있다. 자원도 인력도 부족한 중소기업들에게도 마찬가지다. 대기업 하청 기준을 맞추기 위해서도 그렇고, 투자를 유치하기 위해서도 필요하며, 수출을 위해 반드시 갖춰야 하는 요건이기도 하다. 그러나 현장에서는 아직 근본적인 변화란 한참 먼 미래의 일 같았다. 대부분은 ESG를 그저 잠깐의 유행 정도로만 받아들였고, ESG를 이용해 더 많은 효용을 얻어내려 노력하기보다는 기준에 끌려다니거나 보여주기식 보고서를 작성하는 수준에 그쳤다.

이 책을 통해 지금이 바로 ESG를 중심으로 경영 원리를 새로이 재편할 때라고 강력하게 주장하고자 한다. 이는 '언젠가' 해야 하는 '남의 일'이 아니라, '지금 당장' '당신이' 시작해야 하는 일이다. ESG는 새로운 경영원리로서 지금 이 시대의 패러다임을 바꿀 것이다. 시대의 변화에 발을 맞추지 않는다면 언젠가 또 다른 수도관이 터질 리스크를 갖고 살아가야 할 것이다. 노동 착취 문제로 역풍을 맞아 매출이 37% 급감했던 나이키의 사례를 생각해 보라.

물론 이러한 근본적인 변화를 지금 당장 일궈내는 것은 어려운 일이다. 이후 3부에서 보다 자세히 이야기하겠지만, ESG의 핵심은 '자발적 공시[01]' 그리고 외부의 '검증'이다. 현행 제도 내에서는 기업이 어떠한 정보를 어떻게 공개할지를 자발적으로 결정할 수 있기에, 이렇게 자율적으로 발표된 정보의 유효성에 의문을 품는 사람들이 많다. 실제로 자신에게 유리한 정보만을 공개하는 등의 편법으로 '그린워싱[02]'을 하는 사례들도 심심찮게 지적되어 왔다. 또한 ESG 영역이 아직 개발되는 과정 속에 있으며, 전문가라 할 만한 사람이 존재하지 않는 상황을 이용해 지나

---

01) 자발적 공시는 ESG 경영에서 기업이 법적 의무를 넘어 스스로 선택해 공시하는 정보를 의미한다. 이는 ESG 경영의 핵심적인 도구로, 기업이 환경(Environment), 사회(Social), 지배구조(Governance)와 관련된 데이터를 외부 이해관계자에게 자발적으로 공개하는 방식이다. 공시를 외부 관계자를 위한 것으로만 여기기 쉽지만, 실무에서는 이처럼 자발적 공시 과정을 거친 자료가 ESG 전략을 수립하고 장기적인 개선 목표를 설정하는 과정에서 중요한 내부 분석 자료로 활용되고 있다. 즉, 공시라는 과정을 통해 기업은 내부 현황을 파악하고, 미비점을 개선하기 위한 구체적인 목표와 실행 계획을 수립할 수 있게 된다. 자발적 공시는 단순한 외부 보고를 넘어 기업이 스스로의 지속가능성을 강화하는 실질적 도구로 자리 잡고 있다.
02) 그린워싱(Greenwashing) : 기업이 실제로는 환경에 악영향을 끼치고 있음에도 친환경적인 모습으로 포장하는 것

친 고가로 명목상의 컨설팅 서비스를 판매하는 사람들도 존재한다.

그러나 방법은 있다. 이미 ESG 공시 보고서를 만들고 있다면, 이를 실질적인 경영 전략 수립의 도구로 활용할 수 있다. 보고서를 작성하는 과정에서 기업은 자신의 환경, 사회, 지배구조 측면에서의 현황과 문제점을 자료를 기반으로 객관적으로 파악하게 된다. 이를 통해 개선이 필요한 영역을 식별하고, 구체적인 목표와 실행 계획을 수립할 수 있다. 단순히 외부에 보여주기 위한 자료를 만드는 것이 아니라, 내부적인 변화를 이끌어내는 계기로 삼아야 한다. 이왕 할 일, 조금만 더 품을 들이면 근본적인 변화를 만들어낼 수 있다.

현장에서 그동안 만나 온 기업 대표들은 모두 약간 괴짜 같은 구석이 있었다. 비전을 세우고, 이를 남들에게 설득시키면서 스스로의 믿음과 상상을 실현해내는 일은 결코 쉬운 일이 아니기 때문이다. 그들은 기존의 틀에 얽매이지 않고 새로운 길을 개척하며, 때로는 주변의 회의적인 시선에도 굴하지 않고 자신만의 신념을 밀고 나갔다. 이러한 독특한 열정과 추진력이 있었기에 그들은 변화의 선두에 설 수 있었고, 기업을 성장시킬 수 있었다.

기후 변화 대응을 뒷받침하고 보조하는 ESG를 새로운 경영 원리로 도입하는 것 또한 이와 다르지 않다. 아직은 낯설고 복잡하게 느껴질 수 있지만, 장기적인 관점에서 기업의 지속 가능성과 경쟁력을 확보하기 위해서는 반드시 필요한 선택이다. 시대는 지속가능한 경영을 원한다. 변화의 파도에 누군가는 휩쓸려가겠지만, 누군가는 그 파도 위에서 서핑을 할 것이다. 주먹구구식으로 변화에 일일이 대응하며 쓸려가는 대신, 그 위에서 서핑을 할 수 있는 통제력을 갖기 위해서는 따라가는 것이 아니라 이끌어야 한다. 쉽고 편안하지만 단기적인 게임을 그만두고, 어렵더라도 더 장기적인 게임을 선택할 때이다.

이 책에서는 이처럼 ESG를 기업에 도입하기 위한 접근 방법과 실행 방안을 제시하고자 한다. 1부에서는 ESG 도입의 필요성과 방향성을 살펴보면서 목적지를 명확히 설정할 수 있도록 돕는다. 2부에서는 국내외 ESG 환경을 비롯한 실무적인 내용을 다룬다. ESG를 둘러싼 제반 상황을 현실적인 관점에서 살펴보면서 이상과 현실 사이에서 우리가 어떤 길을 추구할 수 있을지를 알아본다. 3부에서는 ESG 도입이라는 과제에 어떻게 접근해야 하는지 그 방법론을 이야기한다. 특히 ESG의 핵심 요소라 할 수 있는 '자발적 공시'와 '검증'을 중심으로 실제 기업 현장에서 경쟁력을 강화하고 신뢰성을 확보할 수 있는 방법을 살펴보고자 한다.

나는 이번 책을 통해 이론보다는 실무적인 관점에서 ESG를 다루고자 했다. 현존 ESG 서적들 대부분이 개념과 이론에 치중하지만, 이 책은 컨설팅을 진행하며 비즈니스 현장에서 내가 경험한 바를 바탕으로 구성되어 있다. 이는 독자들이 ESG를 단순히 이해하는 것을 넘어 현실에서 실제로 어떻게 활용할 수 있는지를 구체적으로 이해하도록 만들기 위해서다. 특히 ESG는 미래지향적이라는 특성상 지나치게 이상적이거나 혹은 너무 장기적인 전망에만 치중한 관점을 가질 수 있기에, 실질적으로 당장 현실에서 어떻게 활용될 수 있는지를 중심으로 서술하고자 했다.

이런 실무 중심의 시각을 갖추기까지 많은 도움을 받았다. 세종대학교 기후에너지융합학과 박사과정에서 보낸 시간들은 내게 특별한 의미가 있다. 기후·에너지정책을 공부하며 얻은 통찰은 현장에서의 경험과 만나 더 깊은 이해로 이어졌다. 전의찬 교수님을 비롯해 여러 교수님들이 던져주신 질문 하나하나가 생각의 폭을 넓혀주었고, 함께 나눈 현장 이야기들은 이 책의 곳곳에 스며들었다. 학문의 깊이와 실무의 생생함을 함께 담을 수 있었던 건 그분들 덕분이다.

특히 이 책은 ESG 직무에 관심이 있는 취업 준비생들, ESG에 대한 실제적이고 현장적인 이야기가 필요한 중소기업 대표들, 어떻게 ESG를 업무에 반영할지를 고민하는 실무자들을 위한 가이드가 될 수 있을 것이다. 대부분의 ESG 관련 자료들은 대기업이나 투자자들을 대상으로 하나, 이 책은 중소기업이 직면한 현실적인 어려움과 한계를 중점적으로 다루었다.

그 과정에서 꼭 필요했던 것이 ESG 생태계 전체에 대한 설명이었다. '실제 ESG'를 관계자들에게 교육해 오면서, 현실적으로 ESG 실무를 올바르게 이해하기 위해서는 ESG 생태계에 대한 이해가 먼저 필요하다는 것을 깨달았다. 같은 맥락에서, 이 책에서는 ESG 경영이 기후변화 적응과 대응 전략이 공존할 수 있도록 하는 필수적인 원리라는 점을 강조했다. 이를 제대로 이해하지 못하면 실무에서 불필요한 시행착오를 거듭하거나, ESG를 단순한 환경 대응 수단으로만 오해할 가능성이 높다.

이 책에는 몇백 페이지 분량으로 만들었던 강의 교육 자료의 내용을 모두가 읽을 수 있도록 담아냈다. 투자 운영사, 신용평가사, 대기업, 중소기업, 협력사 등이 어떻게 상호작용하고, 돈의 흐름이 어떻게 이루어지는지를 구체적으로 보여주어, 이를 통해 독자들이 이러한 생태계 속 각각의 위치에서 스스로 어떤 역할을 할 수 있는지 명확하게 파악할 수 있기를 바랐다.

이 책은 복잡하고 어려운 이론서가 아니다. 경험과 현장의 목소리를 바탕으로, 누구나 쉽게 이해할 수 있도록 풀어쓴 안내서다. 사례와 비유를 통해 ESG의 개념을 설명하고, 실무적인 적용 방법을 제시하고자 한다. 또한, ESG에 대한 잘못된 인식을 바로잡고, 올바른 방향성을 제시하고자 할 것이다. 궁극적으로 이 책이 독자들에게 '각자만의 ESG'에 대한 가치관을 정립할 수 있는 계기가 되기를 바란다.

세상보다 한 발짝 더 먼저 움직이자. 변화에 쓸려갈 것인가, 이를 기회로 이용할 것인가? 당신의 선택이다.

박원일

2024년 11월, 제주도에서

목차

독자에게   4
들어가며   6

1 보통 사람의 착한 경영

1장. 비즈니스의 새로운 패러다임   21
2장. 보통 사람의 착한 경영   49
3장. 지속가능경영 혁신   72

2 ESG는 새로운 경영 원리다

1장. 새로운 경영 원리로서의 ESG   99
2장. ESG 생태계의 이해   113
3장. ESG 현황과 도입 과제   136

3 ESG 도입 가이드라인

1장. ESG 공시 시스템의 이해   157
2장. ESG 공시 실무 가이드라인   179
3장. 지속 가능한 ESG 경영을 위한 로드맵   204

나가며   236

4 부록

1. GRI 인덱스 및 AI 학습법   240
2. ESG 정보, 어디서 찾을까?   252

보통 사람의
착한 경영

비즈니스의
새로운 패러다임

비즈니스 세계에서 ESG는 이제 선택이 아닌 생존의 문제다. ESG의 본질을 제대로 이해하고 이를 경영에 통합하는 것은 오늘날 기업의 장기 생존 가능성을 가늠할 수 있는 중요한 요소로 자리 잡았다. 이번 장에서는 ESG의 개념과 그 필요성을 집중적으로 조명하며, 독자들이 스스로 ESG 경영에 대한 개념을 확립할 수 있도록 돕고자 한다.

ESG 경영과 지속가능경영은 본래 구분되는 개념이나, 내 견해는 지금에 이르러서는 이 둘을 엄밀히 나누는 것이 큰 의미가 없다는 것이다. 과거에는 지속가능경영의 발전 목표인 SDGs[03]를 달성하기 위한 수단으로 ESG가 활용되었지만, 현재는 ESG 경영 자체가 지속가능경영의 핵심 원리로 통합되고 있는 것으로 보인다. 이는 ESG라는 개념이 정치적·사회적 요구에 부응하여 등장한 경영 원리이며, 현재 각국 정부와 규제 기

---

03) Sustainable Development Goals, 지속가능발전목표

관이 ESG를 기후변화 대응 및 지속가능한 발전을 위한 법적·제도적 기반으로 삼고 있기 때문이다.

ESG는 현재 환경 정책, 기술 개발, 투자 전략 등 다양한 분야에서 지속가능성을 실현하는 중심적인 역할을 수행하고 있는 것으로 해석될 수 있다. 이후 ESG라는 명칭 자체는 바뀔 수 있겠지만, 그 본질적 목적과 원리는 유지될 것이며, 이는 단순한 일시적 트렌드가 아닌 거대한 경영의 방향성으로 자리 잡을 것이라 본다.

이 책에서는 ESG와 지속가능경영을 별도로 구분하지 않고, 독자의 이해를 돕기 위해 'ESG'라는 용어로 일원화하여 사용하고자 한다. 용어의 선택보다 중요한 것은 그 내용과 실천이기 때문이다.

강의를 하면서 나는 **'ESG 경영은 새로운 경영 원리'**라는 점을 매번 강조해 왔다. 이후 보다 자세히 이야기하겠지만, ESG를 이해하기 위해서는 이것이 경영 원리라는 점을 명확하게 이해하고 시작하는 것이 중요하다. ESG에서는 기업의 지속가능성을 위한 통합적인 사고방식이 요구되기 때문이다.

때문에 ESG를 대함에 있어서는 각자 자신만의 관점을 가져야 한다. 그래야만 ESG 업무가 비로소 표면적인 규제 준수 혹은 일회성 대응을 넘어, 기업 전체의 전략적 판단 기준으로 기능할 수 있기 때문이다. 이론적인 이야기를 최대한 배제하려 노력했음에도 이 장이 반드시 필요했던 이유다.

🍃 누구도 '세상을 파괴하는 비즈니스'를 원하지 않는다

ESG에 대한 본격적인 이야기를 시작하기 이전에, 먼저 그 등장 배경을 살펴보려 한다. ESG가 다름 아닌 사회적 필요, 다시 말해 어떤 '당위'에 의해 만들어졌기 때문이다.

비즈니스란 무엇인가? 수십 년 동안 우리는 기업의 목표를 오로지 이윤 창출로만 생각해 왔다. 시카고 대학교의 경제학 교수이자 신자유주의 이론의 선구자인 밀턴 프리드먼Milton Friedman은 비즈니스를 "사업 수행을 통해 지속적으로 수익을 창출하는 것"이라 정의하였다. 합리적 사고를 바탕으로 한 개인들의 자유로운 의사결정이 곧 사회 전체의 이익을 증진시킬 거라고 시카고 학파는 주장했다. 다시 말해, 건전한 경쟁을 통해 운영되는 기업이 많아질수록 사회 전체의 편익이 증대될 것이라 믿은 것이다. 우리 사회는 지난 세기 동안 이러한 '자유롭고 합리적인 개인'에 대한 믿음으로 운영되어 왔다.

한편 이윤을 창출하는 것이 기업의 유일한 목표이자 존재 이유라는 관점은 이윤 외의 다른 가치들, 예를 들어 직원들의 편익이나 행복, 기업이 지역 공동체나 사회 등의 외부 세계에 끼치는 영향력과 같은 요소를 등한시하도록 만들었다. 때로는 심지어 이윤 외의 모든 가치를 완전히 무시하는 것이 좋은 경영자의 태도라고 암시하는 것처럼 느껴지기까지 한다. 주주의 이익을 극대화한다는 의무 아래 많은 기업들은 장기적인 가치를 고려하지 못하거나, 의도적으로 무시하는 상황에 처한다.

현실은 기대와 달랐다. 기업은 혁신과 성장을 통해 사회에 긍정적인 영향을 발휘하였으나, 한편으로는 그 과정에서 심각한 문제가 발생했다. 기후 변화, 사회적 불평등, 자원 고갈 등의 부작용은 기존 비즈니스 모델의 한계를 여실히 드러낸다. 경제적 성장만을 목표로 삼는 비즈니스 모델이 결국 환경 파괴를 가속화하고, 사회적 불평등을 심화시키며, 미래 세대를 위한 자원을 고갈시키는 상황을 초래하였다.

우리의 현실은 점점 지속 불가능한 방향으로 기울어지고 있다. 지난 2021년에 발표된 제6차 IPCC 평가보고서에 따르면, 지구의 평균 온도는 산업화 이전과 비교하였을 때 1.1도 상승했다. '1도'라는 숫자가 그리 크지 않게 느껴질지도 모르겠다. 하지만 인간은 몸의 온도가 1도만 높아져도 약을 복용하고 그보다 정도가 더 심해지면 병원에 간다. 체온이 38도를 넘기면 심각한 상황으로 간주하고, 표준 체온에서 2.5도가 높은 39도 즈음이 되면 생명에 지장이 생길 수 있다. 특히 포유류의 생명 유지와 정상적인 활동에 있어 막대한 영향력을 발휘하는 단백질은 특정 온도가 넘어가면 고기처럼 익어 버린다. 열병을 심하게 앓으면 다른 병을 동반하지 않더라도 청력 손실이나 인지 기능 상실 등의 심각한 후유증이 남는 것이 이 때문이다. 단백질의 성질이 한번 변하면 다시 되돌아오지 않는 것처럼, 쉽게 말해 고기를 익히면 다시 이전으로 되돌릴 수 없는 것과 마찬가지로 변성된 체내 기관도 다시 돌아오지 않는다. 인간에게 있어 체온이 '고작 몇 도' 오르는 것이 상당한 위험을 내포한 것처럼, 지구의 온도 변화에서도 마찬가지로 '고작 몇 도'를 간과할 수 없다. 기후 변화에는 티핑 포인트Tipping point[04]가 존재한다는 점 또한 간과해서는 안 된다. 변화는 점점 더 가속화된다. 환경에 대한 인류의 영향력을 지금과 같은 수준으로 유지하더라도 기후가 변화하는 속도는 특정 순간, 즉 티핑 포인트를 넘어가면 막기 어려울 정도로 급격히 빨라질 것이다. 녹은 영구 동토층을 다시 얼릴 수 없는 것처럼, 어떤 변화들은 되돌릴 수 없다. 빙하 붕괴는 임계점을 넘어서면 더욱 가속화될 것이다.

티핑 포인트를 넘기는 순간 변화가 급류를 타듯 빨라질 위험을 고려하지 않고서도, 기후 변화가 인류에게 끼치는 영향력은 그 자체로 막대하다. 지난 2024년 5월 발표된 노스웨스턴 대학의 경제학자 디에고 칸지그Diego Känzig와 하버드 대학의 경제학자 아드리안 빌랄Adrien Bilal의 연구[05]에 따르면, 지구 평균 온도가 1도 상승하면 세계 GDP는 12%나 감소할 수 있다. 이러한 온도 상승은 GDP에 단기적인 영향을 미치는 것을

---

04) 티핑 포인트(Tipping point) : 특정 시스템이 작은 변화임에도 이전과는 완전히 다른 상태로 급격히 변화하는 임계점
05) Bilal, A., & Känzig, D. R. (2024). The Macroeconomic Impact of Climate Change: Global vs. Local Temperature (No. w32450). National Bureau of Economic Research.

넘어 자본, 생산, 소비 전반에 걸쳐 심각한 감소를 초래할 수 있다. 기후 변화가 가져올 경제적 위협은 우리가 지금까지 상상한 것보다 훨씬 더 심각할 가능성이 높다.

이 연구는 기후 변화가 가져올 영향이 지엽적인 수준에서 그치지 않을 것을 보여준다. 이러한 기후 위기 앞에서 단기적인 이익을 좇는 기업은 결국 자신이 의존하는 자원을 고갈시키고, 미래의 지속 가능성을 희생하는 결과를 초래할 수밖에 없다. 농부는 다음 해에 파종할 씨앗을 먹지 않는다. 어부는 알을 품은 물고기 혹은 너무 어린 물고기를 잡지 않는다. 농부가 씨앗을 남겨두지 않는다면 그 밭은 더 이상 지속될 수 없듯, 기업 또한 환경과 사회적 자원을 고려하지 않는다면 장기적 생존은 불가능하다. 적당한 선에서 욕심을 제어하지 못한다면, 결국엔 그 스스로를 죽이게 될 것이다.

이러한 혼란 사이에서도 단 하나 분명한 사실이 있다. 그 누구도 '세상을 파괴하는 비즈니스'를 원하지 않는다는 것이다. 우리에게 필요한 것은 '지속가능한 비즈니스'다.

🍃 기술만으로는 문제를 해결할 수 없다

일부는 "왜 기업이 이런 일을 해야 하는지 모르겠다"고 이야기한다. 기후 변화 문제를 해결하기 위해서는 재생 에너지와 같은 새로운 기술적 혁신이 필요하다는 것이다. 기술의 발전이 인류의 문제를 해결할 텐데, 이윤 창출을 주 목적으로 해야 하는 기업이 지속가능성까지 고려할 필요가 있을까? 그러나 문제는 기술만으로는 충분하지 않다는 사실이다. 기후 변화와 같은 복잡한 문제에 있어서 기술만으로는 해결책이 될 수 없다.

왜 그럴까? 이러한 의문에 대한 답을 제공하는 이론 중 하나가 바로 제번스의 역설Jevons Paradox이다. 영국 경제학자 윌리엄 스탠리 제번스William Stanley Jevons는 1865년에, 기술의 효율성이 향상되더라도 자원의 사용량이 반드시 줄어들지는 않을 수 있음을 경고했다. 에너지를 더 효율적으로 사용하는 기술이 개발되면, 그 결과로 자원의 소비가 오히려 증가할 수 있다는 것이다. 제번스의 역설을 설명하는 대표적인 예시가 바로 에너지 효율성의 향상으로 인한 석탄 소비 증가다. 19세기 산업혁명 시기, 영국에서는 증기 기관의 효율성이 크게 향상되었다. 이를 통해 동일한 양의 석탄으로 더 많은 일을 할 수 있게 되었으므로, 이론적으로는 석탄 소비가 줄어들 것으로 기대되었다. 그러나 실제로는 그에 반대되는 결과가 나타났다. 증기 기관의 효율이 높아짐에 따라 비용이 절감되었고, 이에 따라 더 많은 사람들이 증기 기관을 사용하게 되었다. 그 결과, 석탄의 사용량은 증기 기관의 효율성이 낮았을 때보다도 오히려 크게 증가하였다.

또 다른 예시는 자동차다. 연비가 뛰어난 자동차가 개발되면서, 사람들은 동일한 비용으로 더 먼 거리를 이동할 수 있게 되었다. 이로 인해 차량 운행이 증가하고, 결과적으로 총 에너지 소비량과 탄소 배출량도 증가하는 현상이 나타났다. 기술적 혁신이 효율성을 높였음에도 불구하고, 자원의 총 사용량은 오히려 늘어난 것이다.

이러한 사례들은 기술 발전으로 자원의 사용량을 줄이는 데 있어서는 한계가 있으며 오히려 역효과를 낳을 수 있음을 경고한다. 다시 말해 제번스의 역설은, 기술 혁신이 이루어진다 해도 그 자체로 탄소 배출량을 감소시키는 데는 한계가 있다는 점을 시사한다. 즉, 기술 발전만으로는 기후 변화 대응이 완벽하게 이루어지지 않으며, 오히려 자원의 낭비를 부추길 가능성도 배제할 수 없다.

기술의 발전이 기후 변화 대응에 중요한 역할을 한다는 점은 분명하다. 하지만 기술만으로는 충분하지 않다. 기술은 도구일 뿐, 그 도구를 어떻게 활용할 수 있을지는 사용자의 손에 달려 있기 때문이다. 기업이 기후 변화 문제에 직접 개입하지 않고 단순히 기술적 혁신에만 의존한다면 그 효과는 제한적일 수밖에 없다.

오늘날의 사회에서 기업이 갖는 막대한 영향력은 이들의 사회적 책임을 방기할 수 없도록 만든다. 지속가능한 미래에 대한 기업의 사회적 책임을 인지하는 것은 선택이 아닌 필수다. 기업이 환경을 보호하고, 사회적 정의를 실현하며, 투명하고 공정한 경영을 통해 신뢰를 쌓아나갈 때, 우리의 미래는 비로소 지속 가능해진다.

ESG의 태동

희망찬 소식은, 세상을 바꿀 힘 또한 기업에 있다는 사실이다. 자본주의 경제 체제 속에서 혁신과 성장을 주도해 온 것이 기업이었던 것과 마찬가지로, 이번에도 기업은 지속 가능한 미래를 만들어갈 주체가 될 수 있다. 이러한 변화의 흐름 속에서 기업의 사회적 책임CSR이 강조되면서 ESG가 등장했다. ESG는 단순히 이윤 창출을 넘어, 기업이 사회와 함께 지속적으로 성장해야 한다는 요구에서 출발한 개념이다.

기업과 사회가 지속 가능한 방향을 지향해야 한다는 사회적 합의에 따라 지속가능경영이 대두되었고, 이를 이행하기 위한 구체적인 경영 원리로 ESG가 등장했다. 다시 말해, ESG는 지속가능한 미래를 위한 지속가능경영을 실현하는 핵심 수단이며, 공시 규제, 의무화 조치, 각종 가이드라인 등은 ESG가 실제 경영에 적용되도록 설계된 방법론이라 할 수 있다.

기업의 사회적 책임에 대한 논의는 무엇보다도 사회적 인식 변화에 의해 주도되었다. 과거에는 기업이 단순히 이윤을 창출하고, 경제 성장을 견인하는 것이 그 본연의 역할로 여겨졌으나, 오늘날 사회는 기업이 환경적·사회적 책임을 다해야 한다는 요구를 강하게 제기하고 있다. 기후 변화, 사회적 불평등, 인권 문제 등 전 세계적으로 심각한 문제들이 대두되면서, 기업이 이러한 문제 해결에 적극적으로 기여해야 한다는 목소리가 커지고 있다. 사회적 기대가 변화함에 따라 기업도 더 이상 경제적 이익만을 추구할 수 없는 환경에 놓이게 된 것이다.

이러한 변화는 기업 경영의 근본적인 전환을 가져왔다. 전통적으로 기업 경영은 재무적 성과와 이윤 창출을 목표로 삼았지만, 기후 변화와 사회적 불평등, 지배구조 문제 등이 글로벌 경제에 심각한 영향을 미치면서, 단순한 재무적 성공만으로는 기업의 장기적인 지속 가능성을 보장할 수 없다는 인식이 확대되었다. 이에 따라 ESG는 새로운 경영 원리로 부상했으며, 특히 투자자들 사이에서 중요한 기준이 되었다. 투자자들은 이제 기업이 환경, 사회, 지배구조에서 어떤 역할을 하고 있는지에 더욱 관심을 기울이기 시작했다. 즉, 기업의 비재무적 성과가 투자 등의 주요 결정에 있어 중요한 판단 요소가 된 것이다.

기업의 사회적 책임은 이제 선택이 아닌 필수적 요구로 자리 잡았으며, ESG와 관련 규제 등을 통해 제도화되었다. 사회적 책임을 실천하지 않는 기업은 소비자의 외면과 투자자의 불신을 감수해야 하는 상황이다. 이는 기업의 생존과 직결되는 문제로, 오늘날의 사회는 기업이 환경 보호와 사회적 정의에 기여할 수 있는 책임 있는 주체로서의 역할을 다할 것을 기대하고 있다. 지금은 지속가능경영 도입 여부가 기업의 성패를 좌우한다고 말해도 과언이 아니다. 결국, 사회적 인식의 변화는 기업의 역할을 단순한 이윤 창출을 넘어, 사회적 가치를 실현하는 방향으로 이끌고 있다.

한편, 앞서 언급한 것처럼 ESG가 실질적으로 확산되고 제도화되는 과정에서는 정치적·경제적 목적이 결합되며 새로운 의미가 부여되었다. 각국 정부와 기관에서 ESG를 자국 산업 보호와 경쟁력 강화를 위한 정책적 도구로 활용하려 하는 양상이 보인다. 예를 들어, EU의 CSRD기업 지속가능성 보고 지침, CSDDD지속가능성 실사 지침, 탄소국경조정제도CBAM 등은 ESG를 글로벌 시장의 필수 기준으로 정착시키면서, 유럽 기업들에게 유리한 무역 질서를 구축하고, ESG 기준을 충족하지 못하는 경쟁국 기업들의 시장 진입을 어렵게 만드는 역할을 한다. 마찬가지로, 미국의 SEC 공시 의무화나 청정경쟁법CCA 또한 환경 보호를 명분으로 내세우면서, 미국 기업들이 글로벌 ESG 규범을 주도하고 경쟁 우위를 확보할 수 있도록 지원하는 전략적 의도를 내포하고 있다. 이처럼 ESG는 국제 무역 질서를 재편하고, 기업의 시장 경쟁력을 결정짓는 요소로도 작용하고 있다. 다시 말해, ESG의 출발점은 사회적 요구였으나, 현실적인 도입 과정에서 정치·경제적 목적이 결합되었다고 이야기할 수 있다.

'지속가능경영'은 정치적인 용어다?

미디어 리서치를 진행하다 보면 ESG와 지속가능경영이 다양한 방식으로 논의되고, 정치적으로 이용되는 경우도 많다는 사실을 발견하게 된다. 특히 미국 대선과 같은 정치적 이슈에서 ESG는 반복적으로 주요 의제로 등장했다. 일례로 2024년 미국 대통령 선거 과정에서 트럼프의

당선이 유력하다는 이야기가 나올 무렵, 트럼프가 IRA[06]를 폐지하고 보조금 지원을 철회할 것이라는 전망이 나오면서 ESG 규제 완화가 예상되었다. 그러나 불과 몇 시간 후, 바이든 행정부가 예산을 조정하여 해당 정책을 구조적으로 변경할 수 없도록 만들었다는 보도가 나왔다. 이어서, 바이든 정부와 가까운 주요 인사들이 ESG에 대해 긍정적인 입장을 유지하고 있다는 기사들이 연이어 등장했다.

이처럼 ESG와 지속가능경영에 대한 논의는 정치적·경제적 이해관계에 따라 변화하며, 서로 상충하는 의견들이 끊임없이 제기된다. 국내에서도 마찬가지다. ESG 혹은 지속가능경영이라는 용어는 정치적 상황에 따라 각기 다른 해석과 의도로 사용되며, 때로는 정치적 수단으로 활용되기도 한다. 예를 들어, 최근 배추를 비롯한 농산물 가격이 폭등하면서 "기후 위기"라는 단어가 뉴스에서 빈번하게 사용되었지만, 이에 대해 일부에서는 "기후 변화가 원인이라기보다는 정책 실패의 문제"라고 주장하며 상반된 시각을 내놓았다.

그러나 이러한 논의를 단순히 "ESG가 정치화되었다"는 말로 정리하는 것은 본말이 전도된 해석일 수 있다. 오히려 ESG는 애초부터 정치적 기반 위에서 발전해 온 개념이다. ESG는 정치적·행정적 결단과 제도화 과정에서 태동하고 또 성장해 왔다. ESG 확산의 결정적 동인이

---

[06] 인플레이션감축법 Inflation Reduction Act

UN SDGs지속가능발전목표, 파리기후협약, EU의 녹색금융 분류체계EU Taxonomy 등의 제도였다는 사실은, ESG가 처음부터 정치적·정책적 동력을 기반으로 발전해 왔음을 보여준다.

즉, ESG가 정치적으로 이용되는 것이 아니라, 정치가 ESG를 만들어왔다고 보는 것이 더 타당한 해석이다. ESG를 '정치화되었다'고 표현하면, 마치 ESG가 원래는 순수한 기업 경영 원칙이었으나 정치권에 의해 변질되었다는 뉘앙스를 줄 수 있다. 하지만 실제로 ESG는 처음부터 정책·규제·국제 협약을 통해 제도화되면서 기업의 경영 패러다임으로 자리 잡았다.

그렇다면 왜 많은 사람들이 ESG를 '정치화되었다'고 느끼는 것일까? 한 가지 이유는 ESG가 환경 보호, 사회적 가치 실현, 윤리 경영 등의 이상적인 목표를 강조하며 확산되었기 때문이다. 이 과정에서 이상적 신념과 정치적 현실이 맞물려 있다는 점이 가려지면서, ESG가 마치 정부 정책과는 별개의 자율적인 시장 원리처럼 보이게 되었다. 그러나 ESG가 본격적으로 확산되기 시작한 것은 각국 정부 간 규제 경쟁이 심화되었기 때문이다. ESG 규제가 사실상 무역 장벽 혹은 국제 경제 질서 재편의 수단으로 활용되면서, "이것이 결국 정치적 싸움이 아니냐"라는 시각이 등장했다. ESG 규제를 통해 자국 기업 보호 및 경쟁력 강화를 추진하는 각국 정부의 전략적 움직임이 두드러지면서, ESG가 정치적 요소를 강하게 띠는 점이 강조된 것이다.

이와 함께 ESG를 찬성하거나 반대하는 정치인들이 적극적으로 입장을 표명하고, 언론이 이를 정치 이슈로 조명하면서 ESG가 '갑자기' 정치화된 것처럼 보이게 되었다. 그러나 앞서 살펴보았듯이, 이는 본질적으로 ESG의 원래 출발점이 정치적 제도화였음을 간과한 해석이다.

이러한 시각을 바탕으로 ESG를 이해하면, 기업이 ESG를 선택이 아닌 정책 대응의 문제로 접근해야 함을 명확히 알 수 있다. ESG 규범은 국제 무역 질서, 환경 규제, 노동·인권 정책 등과 밀접하게 연결되어 있으며, 결국 기업의 경영 전략도 정치·경제적 규제 환경에 대응하는 방식으로 재편될 수밖에 없다.

정리하자면, ESG가 정치권에 의해 변질되었다는 인식은 ESG가 가진 본래 성격을 제대로 반영하지 못하는 해석이다. ESG는 처음부터 정책적, 행정적, 국제 규범적 노력에 의해 만들어진 개념이며, 이 과정에서 정부와 국제기구가 핵심적인 역할을 해왔다. ESG는 단순한 기업의 경영 전략이 아니라, 각국 정부의 정책적 목표와 글로벌 규범의 변화 속에서 형성된 프레임워크다.

이러한 시각을 명확히 하는 것이 중요한 이유는 ESG를 실행하는 실무자들이 단순한 마케팅이나 브랜드 이미지 관리의 차원을 넘어, 실제 정책·규제 대응 차원에서 ESG를 전략적으로 접근해야 하기 때문이다. 실무 차원에서는 ESG를 단순한 윤리적 경영 개념으로 이해하는 것이 아니라, 정책적 흐름을 반영한 현실적인 경영 전략으로 이해하고 활용하는 다층적인 관점이 필요하다.

ESG의 각 요소들을 보다 자세히 들여다보면, ESG의 등장이 글로벌 경제와 사회의 변화에 따른 필연적인 흐름이었음을 보다 분명하게 알 수 있다. 초기에는 환경(Environment), 사회(Social), 지배구조(Governance)라는 세 가지 요소가 각각 독립적으로 다뤄졌다. 즉, 기업들이 환경 문제는 환경 문제로만, 사회적 책임은 별개의 과제로, 지배구조는 내부 경영의 문제로만 취급하며 상호 연결되지 않은 개별적인 요소로 인식했던 것이다. 예를 들어, 환경에 대한 기업의 대응은 주로 온실가스 배출이나 에너지 효율성 같은 문제로 국한되었고, 사회적 책임은 노동자 권리나 지역사회 기여와 같은 단일한 문제로 다루어졌으며, 지배구조는 단순히 이사회 구성이나 투명성 문제로만 여겨졌다.

그러나 다양한 사건들을 경험하면서 우리는 환경(E)에 대한 투자가 성과를 내기 위해서는 지배구조(G)의 투명성과 안정성이 필요함을 인지하게 되었고, 임직원의 다양성(S)이 이를 뒷받침한다는 것을 인지하게 되었다. 즉 E, S, G의 세 가지 요소가 기업의 지속 가능성과 장기적 성과에 서로 깊이 연관되어 있으며 복합적인 영향을 미친다는 인식이 확산된 것이다. 다시 말해, 환경 문제를 해결하기 위해서는 먼저 지배구조의 투명성과 안정성이 확보되어야 한다. 이러한 건전한 지배구조는 임직원의 다양성을 확보함으로써 만들어진다. 반대로, 환경 문제를 소홀히 하면 장기적으로 기업의 평판과 재무적 성과에 부정적 영향을 미칠 수 있고 이는 사회적 책임을 다하지 않거나 투명한 지배구조를 갖추지 못한 경우에도 마찬가지다. 즉, 이들 요소는 서로 각기 독립된 문제가 아닌 기업의 지속 가능성을 위한 통합적이고 상호작용적인 핵심 요소라는 관점에서 다루어져야 한다.

이러한 사회적 공감대는 환경적, 사회적, 지배구조 측면에서 책임을 다하지 않는 기업은 장기적인 성과와 생존 가능성에 위협을 받게 된다는 인식으로 이어졌다. 이와 같은 배경에서 투자자들과 정부 등의 외부 기관은 기업들에게 더 큰 책임을 요구하기 시작했고, 그 결과 ESG는 핵심적인 경영 원리로 자리잡게 되었다.

기업에서 ESG가 널리 도입되기 시작한 배경에는 교토의정서(1997)와 파리협정(2015)과 같은 국제 협정이 중요한 역할을 했다. 이 협정들은 기후변화에 대응하기 위해 세계 각국이 온실가스 감축 목표를 설정하고, 지속가능한 발전을 위한 정책을 추진하는 계기를 마련했다. 이러한 국제적인 합의는 기업들이 환경적 책임을 무시할 수 없는 상황을 만들었을 뿐만 아니라, 지속가능한 발전을 위해서는 단순 환경(E) 보호를 넘어 사회(S)와 지배구조(G)의 요소와 함께 고려되어야 한다는 인식을 확산시켰다.

예를 들어, 탄소 배출 감축을 목표로 하는 기업이 공급망 내에서 공정한 노동 환경을 보장하지 않는다면 지속가능성을 실현하기 어렵다. 아동 노동을 근절하고 공정한 임금을 지급하는 것은 단순한 사회적 책임을 넘어 기업의 장기적인 리스크를 줄이는 요소가 된다. 마찬가지로, 지배구조(G) 역시 환경 목표 달성을 위한 핵심 요소다. 기업의 의사결정 과정에서 ESG를 체계적으로 고려할 수 있도록 이사회 내 ESG 전담 위원회를 설치하고, 투명한 경영 원칙을 확립해야 한다.

즉, 온실가스 배출 감축 목표를 달성하기 위해서는 정부 차원의 규제뿐만 아니라 기업들의 자발적인 실천이 필수적이며, 그 과정에서 사회적 책임(S)과 투명한 지배구조(G)가 뒷받침되지 않으면 환경(E) 성과 역시 한계에 부딪힐 수밖에 없다. 지속가능한 발전을 위해서는 환경적 책임을 다하는 것만큼이나 공정한 노동 환경과 투명한 의사결정 구조를 갖추는 것이 필수적이며, ESG의 세 가지 요소는 서로 보완적인 관계로서 기업의 지속가능성에 있어 핵심적인 역할을 한다.

국제 협정과 마찬가지로, 정부 역시 ESG의 도입을 촉진하는 데 중요한 역할을 했다. 유럽 연합EU은 기업지속가능성보고지침CSRD을 통해 대기업들이 환경, 사회적 책임, 인권, 반부패 등의 비재무적 정보를 공개하도록 의무화했다. 이는 단순히 재무적 성과만을 중시하던 기업들에게 새로운 기준을 제시하였으며, 기업들이 더 투명하고 지속 가능한 경영을 할 수 있도록 압력을 가하는 계기가 되었다. 이어서 미국과 일본 등 주요 국가들 역시 ESG 공시와 관련한 법제도를 정비함으로써 ESG는 전 세계적으로 확대되기 시작했다.

특히 EU는 앞서 언급한 CSRD를 기반으로 탄소국경조정제도CBAM와 기업 지속가능성 실사지침CSDDD 등의 규제를 도입하면서 기업들에게 더욱 엄격한 ESG 공시를 요구하고 있다. EU는 이러한 ESG 규제를 통해 지속 가능성을 달성하지 못하는 기업들에 대해 수출 규제를 포함한 다양한 제재를 가할 수 있는 장치를 지속적으로 보완 및 마련하고 있는 추세다. ESG 기준을 달성하지 못하는 기업은 EU 시장에 수출을 하거나 유럽 내에서 사업을 운영하는 데에 실질적인 어려움을 겪을 수 있다.

EU의 이러한 규제 현황은 기업들이 단순한 재무적 성과에 의존하는 것을 넘어서, ESG 기준을 준수하는 것이 글로벌 공급망에서 필수적인 요소가 되었음을 보여준다. 지속 가능성을 충족하지 못하는 기업은 EU로의 수출과 같은 경제적 기회를 상실할 위험이 있으며, 이는 기업들이 장기적인 생존과 글로벌 시장에서의 경쟁력을 유지하기 위해 반드시 ESG 공시 기준을 준수해야 한다는 강력한 메시지를 전달한다.

한편 투자자들 또한 ESG의 중요성을 인식하며 이를 경영 평가의 중요한 요소로 삼았다. 글로벌 신용평가사 MSCI는 기업의 ESG 성과를 평가하는 지표를 개발하였고, 이는 투자자들이 기업의 지속 가능성을 평가하는 데 있어 중요한 기준이 되었다. 앞서 언급한 블랙록뿐만 아니라 뱅가드Vanguard, 노르웨이 국부펀드 등의 주요 투자자들도 ESG를 반영한 투자 결정을 강화하며, 기업들이 ESG를 무시할 수 없는 상황이 되었다.

이러한 투자자와 정부의 요구는 기업들에게 강력한 메시지를 던졌다. ESG는 더 이상 선택 사항이 아닌 필수적인 경영 전략으로 자리 잡았고, 이를 무시하는 기업은 투자자들의 외면을 받을 수밖에 없는 상황이 되었다. 블랙록과 같은 거대 자산 운영사사들의 ESG 요구와 더불어, 각국 정부의 규제가 강화됨에 따라 기업들은 자발적으로 ESG 성과를 개선하고 이를 공시할 수밖에 없었다. 이로써 ESG는 기업의 지속 가능성과 장기적 성장을 위한 핵심 요소로 자리 잡게 되었으며, 비즈니스 세계의 새로운 표준이 되었다.

이와 같은 ESG 규제의 기본 원칙은 **자발적 공시**이다. 흔히 ESG 규제를 강제적인 것으로 오해하곤 한다. 물론 특정 국가에서 사업을 한다거나 다루는 제품의 종류 혹은 매출 등의 기업 규모에 따라 일부 기후 데이터는 필수적으로 공시해야 하지만, 이외의 정보를 공개하는 것은 기업의 재량에 따른다. ESG의 핵심은 실제로는 기업들이 자발적으로 자신들의 ESG 성과를 공시하고 투명성을 확보하는 과정 그 자체에 있음을 인지해야 한다.

다시 말해, 실무자가 반드시 유념해야 하는 ESG의 핵심은 그 내용을 '자발적'으로 공시할 수 있다는 점에 있다. 이는 기업이 자체적으로 ESG 스키마를 개발해 전사에 통합적으로 적용시켜야 하는 이유기도 하다.

정치경제적 상황이 변하면서 정책 혹은 제도에서 부분적인 변화가 있을지언정 ESG의 근본 원리는 동일하기에, 기업의 미래 청사진에 적합한 ESG 정책을 한 번 개발해 두면 기업 내부에서 큰 품을 들이지 않아도 ESG 경영을 지속 가능하도록 만들 수 있다. 심지어는 규제에 그저 대응하는 것이 아니라 기업에게 이득이 되는 형태로 말이다.

이러한 자발성은 기후 변화 대응의 국제적 틀인 파리협정과도 맥을 같이 한다. 파리협정은 모든 국가들이 자발적으로 온실가스 감축 목표를 설정해 제출하는 것을 의무화하지만, 그 목표의 달성 자체는 강제적이지 않다. 대신, 목표를 달성하지 못하면 국가 신뢰도 하락이라는 리스크를 감수해야 하며, 탄소국경조정제도$_{CBAM}$와 같은 규제에서 불리한 조건을 부여받을 수 있다. 이러한 국제적 맥락은 기업에게도 중요한 교훈을 준다. 즉, 능동적인 ESG 공시를 통해 기업 투명성을 확보하고 환경 및 사회적 책임을 다하지 않는다면, 기업 역시 신뢰를 잃고 글로벌 시장에서 불리한 위치에 놓일 수 있다는 것이다.

🍃 ESG는 기업 생존의 문제다

기업의 생존에 있어서도 지속가능경영은 필수 요소로 자리잡고 있다. 소비자들 또한 사회적 책임을 방기하는 기업보다는 ESG에 친화적인 기업에 보다 호의적이다. 미국 벤틀리 대학교 경영학 교수이자 도서 《사랑

받는 기업》의 저자인 라젠드라 시소디아Rajendra S. Sisodia는 사랑받는 기업이 실적도 좋고 장기적으로 성장한다고 이야기한 바 있다. 또한 미국 최대의 휴지 및 위생용품 유통기업 세븐스제너레이션Seventh Generation의 창립자이자 현 CEO인 제프리 홀렌더Jeffrey Hollender는 "지속가능경영은 비즈니스의 미래이며, 기업들이 꼭 해야 할 일"이라 강력하게 주장했다. 이처럼, ESG 경영은 더 이상 단순한 선택이 아닌, 기업의 장기적인 성공을 위한 필수적인 요소로 자리 잡고 있다.

나이키는 1990년대 자사 제품을 생산하는 제3세계 국가의 공장에서 아동 노동과 열악한 노동 환경 문제로 비판받은 적이 있다. 특히 파키스탄과 인도네시아 등 저임금 국가의 공장에서 어린아이들이 위험한 환경 속에서 낮은 임금으로 일한다는 사실이 폭로되며 사회적으로 큰 파장을 일으켰다. 1992년에 바르셀로나 올림픽의 공식 후원사로 참여한 나이키는 이러한 문제로 전 세계 곳곳에서 벌어진 시위를 직면해야 했다. 나이키는 초기에는 방어적인 대응 태도로 비판받았으나, 이후 이러한 비난을 직면하여 기업 이미지 회복을 위해 적극적인 노력을 기울였다. 1998년도에 이르러 당시 나이키의 CEO였던 필 나이트Phil Knight는 노동 환경 개선을 약속하는 중대한 선언을 발표했다. 그는 당시 나이키가 직면한 아동 노동 문제와 열악한 노동 환경에 대한 비난을 인정하며, "우리는 노동 문제에서 실패했다"고 공식적으로 사과했다. 이와 함께 나이키는 전 세계 공장에서의 근로 조건을 개선하기 위한 계획을 발표했다. 이와 함께 최소 근로 연령을 상향 조정하고, 유해 물질 사용을 제한하며, 근로자들에게 기본적인 인권과 안전을 보장하는 규정을 도입하겠다는 계획을 공개했다. 이러한 사례는 기업이 사회적 책임을 방기할 경우 얼마나 큰 타격을 입을 수 있는지를 잘 보여준다. 나이키가 이러한 문제를 직면하고 대응책을 강구하지 않았다면, 지금의 글로벌 시장에서 생존하기 어려웠을 것이다.

1996년, 미국 라이프Life 지는 파키스탄의 시알코트 지역에서 어린 소년이 나이키 로고가 새겨진 축구공을 바느질하는 사진을 공개하며 전 세계에 충격을 안겼다.

한편, ESG 친화적인 기업에 대한 소비자의 인식은 갈수록 강화되고 있다. ESG는 본질적으로 기업의 비재무적 요소를 다루지만, 이를 전략적으로 활용함으로써 실질적인 이윤으로 전환시킬 수 있다. 소비자들은 이제 환경에 책임 있는 제품을 생산하고 사회적 책임을 다하는 기업에 보다 깊은 신뢰를 보내고 있다. 이러한 변화는 기업이 ESG 경영을 도입하고 실천하는 것이 단순히 사회적 요구를 충족하는 것에 그치지 않고, 시장에서의 경쟁력을 확보하는 중요한 수단임을 시사한다.

파타고니아의 예시가 이를 방증한다. 파타고니아는 ESG 경영을 통해 지속가능성과 사회적 책임을 실천하면서도 큰 성과를 거둔 대표적인 사례다. 파타고니아는 제품에 친환경 소재를 적극적으로 도입하고, 제품 수명을 늘리는 방안을 제안함으로써 고객들에게 필요한 제품만 구매하라는 메시지를 전달한 것으로 잘 알려져 있다. 심지어는 블랙 프라이데이에 제품을 구매하지 말라는 광고[07]를 내보내며 소비 지양을 권장하기도 했다. 더 많은 제품을 판매하여 매출을 증진시켜야만 한다는 본능적인 직관에 반한 이러한 지속가능경영 전략은 소비자들의 부응으로 이어져 파타고니아를 세계적인 기업으로 만드는 데에 이바지했다. 이는 ESG 경영이 사회적 책임을 다하는 동시에 실질적인 이윤으로까지 연결될 수 있음을 보여주는 사례다.

ESG의 탄생은 당위에 의한 것이었으나, 이제는 기업 생존의 필수 요소가 되었다. 투자를 위해서건, 수출을 위해서건, 소비자의 브랜드 인식을 위해서건 말이다.

---

07) 2011년 파타고니아는 블랙 프라이데이 주간을 맞아 뉴욕타임즈에 "이 재킷을 사지 마세요(Don't buy this jacket)"라는 내용의 광고를 게재했다.

교토의정서와 파리 협정

비즈니스 세계에서 ESG는 교토의정서Kyoto Protocol와 파리 협정Paris Agreement이라는 두 가지 주요 국제 환경 협약을 통해 확실하게 무대 위로 올라섰다. 이 두 협약은 ESG 경영의 환경적 책임(E)을 강조하는 중요한 출발점이 되었으며, 기업들이 지속 가능한 발전을 목표로 삼도록 이끈 역사적 전환점이라 할 수 있다.

교토의정서는 기후변화에 대응하기 위한 첫 번째 법적 구속력이 있는 협약으로, 1997년 일본 교토에서 체결되었다. 이 협약에서는 공동의 차별화된 책임 원칙Common But Differentiated Responsibilities, CBDR에 기반해, 선진국과 후진국 간의 배출 책임을 차별화하여 선진국들이 보다 높은 책임을 지고 온실가스 배출 감축 목표를 설정하도록 하였다.

교토의정서의 주요 기여 중 하나는 6대 온실가스를 선정하고 배출권 거래제를 도입했다는 점이다. 이를 통해 기업과 정부는 탄소 배출 감축에 대한 본격적인 논의를 시작할 수 있게 되었으며, 시장 메커니즘을 통해 온실가스 감축을 달성할 수 있는 기틀이 마련되었다. 탄소 배출권 거래제는 기업들이 배출량을 조정하고 관리할 수 있는 체계를 제공하며, 이러한 시장 메커니즘은 기업이 환경적 책임을 실천할 수 있도록 중요한 기반을 형성하였다.

한편, 2015년 체결된 파리 협정은 기후변화 대응을 위한 전 세계적 합의를 이끌어낸 중요한 협약으로서 교토의정서와 달리 법적 구속력은 없지만 모든 국가가 자발적으로 온실가스 감축 목표를 설정하고 이행하도록 하는 특징이 있다. 이 협약은 지구 평균 온도 상승을 2°C 이하로 유지하고, 가능하다면 1.5°C 이하로 제한하는 것을 목표로 설정하였다.

파리 협정에서 특히 주목할 부분은 제6조이다. 제6조에는 국제적으로 탄소 배출 감축을 협력적으로 달성하기 위한 다양한 시장 메커니즘을 포함하고 있다. 이를 통해 국제적인 탄소 시장이 만들어진 것과 같은 결과가 발생했다. 이 조항을 통해 국가들은 서로 협력하여 탄소 배출량을 줄이고 그 성과를 공유할 수 있게 되었다. 이러한 시장 메커니즘은 '배출 상쇄(Offset; 오프셋)' 개념을 통해 다른 장소에서 감축된 탄소를 활용하여 자국의 감축 목표에 포함시키는 방식을 인정하고 있다. 이는 탄소 감축이 시장에서 거래 가능한 자산으로 변모하게 되는 중요한 계기가 되었다.

교토의정서와 파리 협정은 ESG 경영의 환경적 책임(E)을 공식화하는 데 결정적인 역할을 했다. 이러한 협약들은 기업들이 기후 변화에 대응하는 장기적인 전략을 수립하고, 온실가스 배출을 줄이기 위한 실질적인 행동을 촉구하는 기틀을 마련하였다. 특히, 공동의 차별화된 책임 원칙은 국가별 경제 상황을 고려하여 배출 책임을 다르게 부여함으로써 기업들이 자신들의 위치에서 할 수 있는 역할을 명확히 이해하도록 하였다. 교토의정서와 파리 협약 이후로, 글로벌 금융 시장은 환경적 책임이 기업의 장기적 가치 창출에 어떻게 영향을 미치는지에 주목하기 시작했다.

ESG 경영에서는 공급망에 대한 실사와 관리가 중요한 한 축을 차지한다. 대기업은 자체 보유한 공장에서 배출되는 탄소를 관리하고 자사의 관리를 강화하는 것을 넘어 협력사의 ESG 현황 또한 관리해야 하는 상황이다. 교토의정서와 파리 협약의 공동의 차별화된 책임 원칙은 이러한 공급망 실사에도 큰 영향을 미쳤다. 선진국과 후진국의 역할을 다르게 규정하는 것처럼, 공급망 내 각 참여 기업들이 갖는 책임의 정도도 달라야 하며, 이를 관리하는 과정에서 기업의 ESG 공시의 신뢰성이 결정된다.

이처럼 ESG 경영의 역사적 배경에는 기후 변화와 관련된 여러 국제 협약들이 존재하며, 특히 교토의정서와 파리 협약은 기업들이 환경적 책임을 다할 수 있도록 강력한 제도적 틀을 제공하였다. 이러한 협약들의 영향으로 ESG는 단순한 경영 트렌드를 넘어, 기업이 지속 가능한 사회와 환경을 위해 책임을 다하는 중요한 기준이 되었다.

한편, 기업의 투명성과 책임성을 강조하는 지배구조(G) 또한 ESG 경영의 핵심 요소로 자리를 잡고 있다. 특히, 2002년 미국에서 제정된 사베인스-옥슬리법[08]은 기업의 회계 투명성을 강화하고 투자자를 보호하기 위한 법안으로, 현대 기업 지배구조의 근간을 형성하는 계기가 되었다.

---
08) Sarbanes1-Oxley Act, SOX

사베인스-옥슬리법은 엔론Enron, 월드컴WorldCom 등의 대규모 회계 부정 사건을 계기로 제정되었으며, 기업 경영진이 재무 정보를 보다 투명하게 관리하도록 하는 여러 규정을 포함하고 있다. 주요 내용으로는 CEO와 CFO의 재무제표 인증 의무화, 내부통제 시스템 구축 및 정기적 평가, 감사위원회의 독립성 보장 등이 있다. 이를 통해 기업이 내부적으로 재무 건전성을 유지하고, 이해관계자들에게 신뢰를 제공할 수 있도록 한 것이다.

이러한 규제는 ESG 경영에서도 중요한 역할을 한다. 엔론 및 월드컴 사태는 기업의 ESG 실천 과정에서 환경(E)과 사회(S)뿐만 아니라 투명한 의사결정과 내부 통제 시스템을 갖춘 지배구조(G) 또한 필수적임을 보여주었다. 실무적인 관점에서도 마찬가지다. ESG 공시의 신뢰성을 확보하기 위해서는 내부적으로 검증된 데이터가 필요한 만큼, 이를 관리하기 위한 내부통제 및 감사 체계가 제대로 구축되어 있어야 한다.

사베인스-옥슬리법은 ESG의 지배구조(G) 요소와 맞닿아 있으며, 기업이 윤리적인 경영을 실천하고 지속가능한 성장을 이루기 위한 제도적 기반이 되었다. 내부통제가 강화될수록 기업의 ESG 공시 데이터는 더욱 신뢰할 수 있는 정보로 자리 잡게 될 것이다.

ESG 경영이 효과적으로 이루어지기 위해서는 환경(E), 사회(S), 지배구조(G)의 세 요소 모두가 균형을 이루어야 한다. 기업의 환경적 책임을 강조한 교토의정서와 파리 협정이 ESG에서 환경 측면(E)의 출발점이 되었다면, 사베인스-옥슬리법은 투명한 경영과 책임 있는 의사결정을 가능하게 하는 지배구조(G)의 기틀을 마련했다. 이러한 법적·제도적 변화는 ESG가 단순한 경영 트렌드를 넘어, 기업의 지속가능성을 보장하는 핵심 원칙임을 다시금 우리에게 상기시킨다.

보통 사람의
착한 경영

나는 ESG 공시 보고서를 쉽게 작성하는 법이나 검증을 쉽게 통과하는 방법 같은 방법론만을 나열하고 싶지는 않다. 이 책을 통해 내가 바라는 것은 읽는 이가 '자신만의 ESG 가치관을 구축하는 것'이기 때문이다. 독자들이 ESG 그리고 지속가능경영을 새로운 경영 원리로서 받아들일 수 있는 첫 단계를 마련하는 것이 목표인 만큼, 그 본래 목적을 이해하는 과정은 필수적이다.

ESG를 경영 원리로 도입하는 것은 단순한 단기적 목표 달성이 아니라, 기업의 운영 방식 전반을 변화시키는 점진적이면서도 장기적인 과정이다. 그러나 그 규모와 영향력이 큰 만큼, ESG가 궁극적으로 지향하는 바를 제대로 이해하는 것이 선행되어야 한다. 이를 단순히 투자 유치나 대외 평가를 위한 일시적인 기준으로 접근한다면, 그 효과는 제한적일 수밖에 없다. ESG는 지속가능성을 위한 혁신이며, 이를 피상적으로 도입하는 것은 결국 밑 빠진 독에 물을 붓는 일이 될 뿐이다.

쉬운 일은 아니다. 하지만 장기적인 변화를 이루기 위해서는 우리가 왜 ESG를 도입해야 하는지부터 고민해야 한다. 이는 단순한 경영 전략이 아니라, 기업의 미래 방향성을 결정하는 핵심 질문이기 때문이다.

ESG 컨설턴트로 일하는 몇 년 동안 나는 정말 많은 사람들에게 ESG의 필요성을 설득해 왔다. 보통은 현실적인 이야기를 할 수밖에 없었다. "ESG 기준을 맞춰야 수출 길을 열 수 있을 거예요", "이번에 기준을 통과하지 못하면 하청 수주가 끊길 수 있습니다" 혹은 "이번 공시 보고서를 잘 작성하시고 투자를 다시 요청해 보시면 조금 더 나은 결과가 있으실 겁니다" 같은 이야기 말이다.

이런 방식으로 사람들을 설득하는 전략은 ESG가 작동하는 근본 원리와 실상 동일한 기제라고도 할 수 있다. ESG는 기본적으로 기업에게 적절한 보상을 부여하여 달성 동기를 제공하고, 자발적으로 그 내용을 공시하도록 유도함으로써 기업 간의 경쟁을 유도한다. 예를 들어 특정 기업이 ESG 공시를 통해 환경 오염 저감 목표와 구체적인 감축 계획을 발표했다고 가정해 보자. 그러면 같은 업종에 속한 다른 기업들은 이러한 공시 내용을 보고 '더 많은 정보를 공개해야겠다' 혹은 '저 기업보다 더 높은 감축 목표를 설정해야겠다' 하고 생각하게 된다. 이러한 방식으로 경쟁사들이 각자의 공시 내용을 보면서 더 나은 목표와 성과를 내기 위해 경쟁하고, 이 과정에서 ESG 공시 기준은 자연스럽게 상향 조정된다. 자유시장경제의 원리와 보상을 통한 동기 부여라는 두 원칙에 뿌리를 두는 것이다.

나는 마찬가지로 사람들에게 도입 시의 보상, 그리고 도입하지 않을 때의 리스크를 근거로 ESG의 필요성을 말해 왔다. 하지만 한편으론 답답할 때가 많았다. 이것이 전부가 아니라는 생각이 들었기 때문이다. 여러 필요성에도 불구하고, '왜 해야 하는지'를 담당자가 본질적으로 이해하는 것은 중요한 일이다. 경제적 필요성 이전에, 현행 제도의 본질적 목적을 이해해야 올바른 방향으로 변화를 이끌어나갈 수 있다.

지속가능성은 단순히 미래 세대를 위한 책임이 아니라, 현재 우리가 직면한 현실을 해결하는 과정에서도 필수적인 원칙이다. ESG 경영을 통해 기업이 친환경 기술을 개발하고, 사회적 책임을 실천하며, 투명한 지배구조를 정립하는 것은 단순한 윤리적 선택이 아니다. 이는 기후위기 속에서 기업이 장기적인 경쟁력을 확보하고 생존할 수 있는 실질적인 경영 전략이다.

이러한 ESG의 본질은 UN의 기후변화 대응 전략에서도 잘 드러난다. UN은 기후 문제에 대해 **대응**mitigation과 **적응**adaptation이라는 두 가지 접근법을 제시한다.

대응 전략은 온실가스 배출을 줄여 기후변화의 속도를 완화하는 것이 목표다. 이를 위해 재생에너지 사용 확대, 탄소포집 및 저장CCS 기술 개발, 에너지 효율 향상 등의 기술적 해결책이 활용된다. 궁극적으로는 탄소중립을 실현하여 미래 세대에게 더 나은 환경을 물려주기 위한 근본적인 대응이다.

적응 전략은 이미 진행 중인 기후변화의 영향을 최소화하고, 이에 대비하는 방식이다. 예를 들어, 기후재난 대응 시스템 구축, 지역별 기후변화 취약성 평가, 해수면 상승에 대비한 방파제 설계 등이 여기에 포함된다. 이는 기후변화가 불가피한 현실이 된 상황에서 현재 세대가 지속가능한 방식으로 살아갈 수 있도록 돕는 접근법이다.

거칠게 말해, 대응 전략이 미래 세대를 위한 것이라면 적응 전략은 이미 진행 중인 기후변화 상황에서 현 세대가 피해를 최소화하며 생존하고 발전하기 위한 전략이라 이야기할 수 있다.

ESG 경영은 이러한 대응 전략과 적응 전략을 연결하는 핵심축이다. 환경(E) 측면에서는 기업이 온실가스를 감축하고 친환경 기술을 도입하는 한편, 공급망 리스크 관리와 친환경 인프라 구축을 통해 변화에 적응할 수 있도록 돕는다. 사회(S) 측면에는 기후재난으로 인한 취약 계층 보호, 지속가능한 일자리 창출, 지역사회 협력을 통한 대응책 마련 등이 포함된다. 지배구조(G) 측면에서는 기후 리스크를 기업의 장기적 전략에 반영하고, 이해관계자와 투명하게 소통하며, 지속가능한 경영 원칙을 내재화하는 것이 필수적이다.

대응 전략과 적응 전략은 서로 보완적인 관계이며, ESG는 이 두 전략을 모두 아우르는 종합적인 접근법이다. 기업은 온실가스를 감축하는 기술적 혁신을 추진하면서도, 기후변화로 인해 발생하는 새로운 환경적·사회적 리스크에 대비하는 체계를 마련해야 한다. 이러한 노력이 균형을 이룰 때, ESG는 단순한 기업 윤리가 아니라 지속가능한 경영을 위한 필수적인 원칙으로 자리 잡게 된다.

지속가능성은 단순히 미래 세대를 위한 책임이 아니라, 현재 우리가 직면한 현실을 해결하는 과정에서도 필수적인 원칙이다. 지속가능한 경영 방식을 도입하는 것은 단순한 윤리적 선택이 아니라, 기업이 장기적인 경쟁력을 확보하고 생존할 수 있는 실질적인 경영 전략이다.

보통 사람의 착한 경영

대부분의 사람들은 어느 정도는 착하게 살기를 원하지만, 그렇다고 큰 손해를 감수하면서까지 선행을 실천하려 하지는 않는다. 나쁜 짓을 해서 손가락질을 받기를 원하지는 않지만, 그렇다고 희대의 성자가 되어 스스로를 희생하고 싶지도 않다. 보통 사람이라면 누구나 그렇다. 여유가 있으면 자연스럽게 주변을 돕지만, 당장의 생존이 위협받는 상황이라면 선행보다 경쟁이 우선될 수밖에 없다. '곳간에서 인심이 난다'는 말이 있듯이, 인간의 본성은 이타적이면서도 동시에 이기적이다.

기업도 마찬가지다. ESG를 도입하는 과정에서 많은 기업들이 경제적 논리를 우선시한다. 현장에서 ESG 도입을 설득할 때, 나 또한 투자 유치나 수출 기회 확대 등 실리적인 이유를 강조할 수밖에 없다. 하지만 ESG의 출발점은 본질적으로 '당위', 즉 기업이 지속가능한 미래를 위해 반드시 고려해야 할 책임과 원칙에 있다. ESG는 단순히 이윤을 극대화하기 위한 수단이 아니라, 기업이 사회적 책임을 다하면서도 지속적으로 성장할 수 있는 경영 원리다.

이러한 '보통 사람의 착한 경영'의 개념은 앞서 몇 차례 언급한 SDGs 지속가능발전목표의 방향성과 맞닿아 있다. SDGs는 빈곤 퇴치, 기후 변화 대응, 지속가능한 경제 성장 등 17개의 목표로 구성되어 있지만, 그 핵심은 '모두가 공존할 수 있는 사회를 만들기 위한 작은 실천의 집합체'다. 흔히 SDGs는 정부나 국제기구, 대기업이 주도하는 거대 담론으로 여겨지지만, 실상은 개인과 기업의 일상적인 선택과 실천이 모여 만들어지는 것이다.

예를 들어, SDG 12 지속가능한 소비와 생산를 살펴보자. 한 소비자가 공정무역 제품을 구입하거나 친환경 포장재를 선택하는 행위는 사소한 행동처럼 보이지만, 결국 이는 기업이 더 많은 친환경 제품을 생산하도록 유도하는 역할을 한다. 기업 입장에서도 에너지 효율을 개선하거나, 재생 가능 자원을 활용하는 것이 단순히 환경 보호 차원을 넘어 생산 비용 절감과 브랜드 가치 상승으로 이어질 수 있다. 이처럼 '착한 선택'은 반드시 희생을 요구하지 않는다. 적절한 균형점을 찾는 것이 중요할 뿐이다.

기업 경영에서도 같은 원리가 적용된다. SDG 8양질의 일자리와 경제 성장을 보면, 근로 환경을 개선하고 직원 복지를 강화하는 것이 단기적으로는 비용 부담처럼 보일 수 있다. 하지만 장기적으로 보면 이는 이직률을 낮추고 생산성을 높이며, 결국 기업의 지속가능성을 강화하는 전략적 투자다. 즉, 착한 경영은 결코 기업의 손해를 전제로 하지 않는다.

과거에는 기업의 사회적 책임이 CEO나 경영진의 도덕적 판단에 따라 결정되었다. 그러나 이제 ESG와 SDGs는 이러한 윤리적 책임을 보다 체계적으로 정량화함으로써 이를 시각적으로 확인할 수 있도록 만들었다. 다시 말해, 도덕적인 기업이 비도덕적인 기업보다 더 잘 살아남을 수 있도록 하는 구조를 구축하는 것이 ESG이며, 이는 SDGs의 궁극적인 목표와도 맞닿아 있다.

기업이 지속가능한 경영을 추구해야 하는 이유는 무수히 많다. 그중에는 재무적인 요소도 분명 포함된다. 그러나 ESG의 본질은 단순한 경제적 이익이 아니다. 지속가능경영은 단기적인 이윤 극대화보다 더 높은 차원의 목표를 지향해야 한다.

단기적인 보고서 벼락치기 대신 비즈니스의 체질을 점진적으로 개선할 수 있는 본질적인 변화는, 이 기업이 사회적으로 끼치는 영향력에 대한 정확한 인지 그리고 명료한 비전이 있을 때에 비로소 가능해진다. 그렇지 않으면 새로운 친환경 기술 도입을 위해 막대한 초기 자본이 요구된다거나, 혹은 노동 환경 개선을 위해 인건비를 대폭 인상해야 하는 등 ESG의 장기적인 목표와 단기적인 이윤 추구가 충돌할 때마다 혼란에 빠지게 된다. ESG를 왜 도입해야 하는지 그 이유를 개인적인 차원에서나 기업 차원에서나 명확하게 설정하지 않으면, 비즈니스와 ESG 간의 관계를 모순으로 인식하여 계속 길을 잃고 헤매게 될 뿐이다.

SDGs의 17개 목표는 결국 개인과 기업이 선택할 수 있는 작은 실천들이 모여 이루어지는 것이다. ESG 역시 마찬가지다. ESG는 더 나은 사회를 위한 규범이면서도, 동시에 기업이 장기적인 경쟁력을 확보하고 지속 가능한 성장을 이루기 위한 실질적인 전략이기도 하다. '착한 경영은 선택이 아니라 필수'라는 점을 알면, 기업은 SDGs와 ESG를 '외부의 요구'를 넘어 자신의 생존과 성장을 위한 필연적 요소로 받아들이게 될 것이다.

1	빈곤 종식
2	기아 종식
3	건강과 웰빙
4	양질의 교육
5	성평등
6	깨끗한 물과 위생
7	적정한 청정 에너지
8	양질의 일자리와 경제성장
9	산업, 혁신과 사회기반시설

10	불평등 감소
11	지속가능한 도시와 공동체
12	책임감 있는 소비와 생산
13	기후변화 대응
14	해양 생태계
15	육상 생태계
16	평화, 정의와 제도
17	SDGS를 위한 파트너십

〔참고〕 UN SDGs 세부 목표

🍃 현실과 이상 사이의 균형

균형은 단순히 멈춰 있는 상태가 아니라 끊임없는 조정과 움직임 속에서 유지된다. 마치 달리는 자전거가 겉으로는 안정적인 것처럼 보이지만, 실제로는 계속해서 균형을 맞추기 위해 조정하는 것과 같다.

ESG를 도입하는 기업들도 마찬가지다. ESG 경영을 단순한 선언이 아니라 지속적인 실천으로 이어가기 위해서는 '이윤과 책임' 사이에서 균형을 잡는 과정이 필수적이다. 기업 운영에서는 현실적인 문제를 간과할 수 없지만, 지속가능경영을 외면하면 장기적인 생존이 위태로워질 수 있다. 균형을 유지하는 것은 완벽한 정답을 찾는 것이 아니라, 지속적으로 조정해 나가는 과정이다. 기업은 현실적인 제약을 인정하되, 실행 가능한 영역부터 실천하며 장기적인 방향성을 유지해야 한다. 그렇다면 어떻게 접근할 수 있을까? 기업의 규모에 따라 ESG를 바라보는 방식과 접근법은 다양한 방식으로 나타난다.

중소기업은 ESG 도입 시 현실적인 어려움을 마주할 수밖에 없다. 자원과 인력이 부족한 상황에서 ESG 공시와 개선을 추진하는 것은 부담이 될 수 있다. 그러나 관점을 달리하면 ESG는 부담이 아니라 경쟁력을 높이는 기회가 될 수도 있다. 실제로 일부 중소기업은 이를 활용해 브랜드 신뢰도를 쌓고, 투자 유치와 글로벌 시장 진출의 발판을 마련했다.

선미는 페플라스틱을 재활용한 친환경 제품을 제작하는 기업으로, 2021년을 'ESG 경영 원년'으로 선언한 후 적극적으로 지속가능경영을 추진했다. 이들은 ESG 공시를 통해 친환경 제품의 경쟁력을 강조하여 인천국제공항 면세점과 코레일 상점 입점에 성공했고, 해외 바이어들에게도 주목받으며 수출 기회를 확대했다. ESG 경영이 단순한 규제 대응이 아니라 새로운 시장을 창출하는 도구가 될 수 있음을 입증한 사례다.

동림푸드는 ESG의 사회(S) 측면을 강화하여, 노사 화합과 지역사회 상생을 핵심 전략으로 삼았다. 노동자 정년 연장, 지역 농산물 우선 구매 등의 정책을 통해 고용 안정과 기업의 사회적 책임을 동시에 실현함으로써 대기업 납품 및 자체 브랜드 출시로 사업 확장에도 성공했다. 동림푸드의 사례는 중소기업의 ESG 실천이 장기적 경쟁력을 높이는 요소가 될 수 있음을 보여준다.

중소기업이 ESG를 도입할 때 가장 큰 고민은 비용과 지속 가능성 사이의 균형을 찾는 것이다. 그러나 이 문제는 비단 중소기업만의 과제가 아니다. 대기업 역시 ESG를 경영 원칙으로 받아들이면서 단기적인 비용 부담과 장기적인 효과 사이에서 최적의 균형점을 모색하고 있다.

삼성전자는 ESG 위원회를 신설하고, 반도체 공정에서의 친환경 기술 개발과 공급망 ESG 관리를 강화하는 등 환경(E)·사회(S)·지배구조(G) 전반에 걸친 전략을 추진하고 있다. 특히 RE100재생에너지 100% 이행을 목표로, 2027년까지 해외 모든 사업장의 전력을 재생에너지로 전환할 계획이다. ESG 경영이 단순한 비용이 아니라 글로벌 시장에서의 생존을 위한 필수 요소가 되었음을 보여주는 사례다.

포스코 역시 탄소중립을 위한 '수소환원제철 기술' 개발을 통해 철강 산업의 친환경 전환을 선도하고 있다. 또한, 협력사와의 상생을 위한 ESG 평가제를 도입하여 공급망 전체의 지속가능성을 강화하고 있는 상황이다.

대기업은 ESG 경영을 위한 자원이 풍부한 만큼, 더 큰 책임을 요구받는다. ESG는 대기업에게는 글로벌 신뢰 확보와 규제 대응의 필수 전략이자, 중소기업에게는 새로운 시장 개척과 경쟁력 강화를 위한 기회다. 기업 규모에 따라 접근 방식은 다를지라도, ESG가 지속 가능 발전을 위한 필수 요소라는 점은 동일하다. 선미와 동림푸드의 사례는 ESG를 단번에 완벽하게 실천하려 하기보다, 기업의 현실적 여건을 고려해 점진적으로 접근하는 것이 중요함을 보여준다. 중소기업이 단계적으로 ESG를 도입하며 기회를 창출했듯이, 대기업 또한 균형을 유지하며 지속 가능한 성장 전략을 구축해야 한다.

ESG는 기업의 규모와 관계없이 각자의 여건에 맞춰 균형을 유지하며 실천해야 하는 과제다. 중요한 것은 현실적인 제약을 인정하면서도 장기적인 방향성을 유지하는 태도. ESG는 단기간에 완성할 수 있는 것이 아니며, 특정한 도달점이 있는 목표가 아니다. ESG를 경영 원리로 도입한다는 것은 급변하는 환경 속에서 기업이 지속적으로 방향을 점검하고, 조정하며 개선해 나가는 과정 자체를 내재화하는 것이다.

기업은 ESG를 도입하는 과정에서 단기적인 경영 목표와 장기적인 지속 가능성 사이의 균형을 유지해야 한다. 《거울 나라의 앨리스》에서 붉은 여왕이 '같은 자리에 머물기 위해서도 전력으로 뛰어야 한다'고 말했듯이, 기업 역시 ESG를 지속적으로 조정하고 개선해 나가야 한다. 그렇지 않으면 변화하는 시장 환경에서 경쟁력을 유지하기 어려워질 것이다.

기후변화 대응 전략에서 알 수 있는 것처럼, ESG는 단순한 선언이 아니라 행동의 나침반이다. 기업이 감축해야 할 것은 탄소뿐만이 아니다. 무분별한 과거의 관행을 줄이고, 미래를 위한 새로운 기준을 만들어야 한다. ESG는 기업이 이러한 변화를 주도적으로 이끌어나갈 수 있도록 돕는 틀이며, 결국 기업과 사회를 지속 가능성이라는 목표로 이끄는 방향키가 될 것이다.

아버지는 삶을 통해 지금의 내가 걸어가야 할 길을 보여주셨다. 아버지는 거창한 대의를 이루려 노력하지는 않더라도, 가족을 아끼고 주변을 소중히 하며 타인에게 해를 끼치지 않는 삶을 살아가셨다. 그것이 바로 내가 지향하는 '보통 사람의 착하게 사는 법'이며, 마찬가지로 '보통 사람의 착한 경영'이기도 하다.

기업도 결국 공동체의 일원이다. 더 가치 있는 길을 선택하는 기업이 장기적으로 더 큰 신뢰와 성과를 얻게 된다. ESG는 그런 기업이 나아가야 할 방향을 제시하는 나침반이다.

🍃 현실 속의 ESG

사회적 가치를 비즈니스 목표에 반영하는 것은 의미 있는 과정이지만, 기업이 이윤 없이 지속될 수 없다는 점 또한 분명하다. ESG가 기업의 지속 가능한 성장을 위한 필수적인 도구라는 점은 분명하지만, 모든 기업이 곧바로 ESG 경영의 원리를 전체적으로 반영할 수 있는 것은 아니다.

ESG를 실무에서 실행하는 과정에서 가장 중요한 것은 비즈니스 현실과 ESG 목표 사이에서 균형을 조정하는 역량이다. 기업 차원의 ESG 전략이 지속 가능성을 목표로 한다면, 실무자는 이를 현실적인 경영 환경에서 어떻게 효과적으로 운영할 것인지 고민해야 한다. 즉, ESG의 궁극적인 목표를 간과하지 않으면서도 비즈니스 현장에서 실질적으로 적용 가능한 전략을 고민하는 것이 핵심이다. 아무리 ESG가 중요하다 하더라도, 기업의 생존과 경쟁력을 위협하는 방식으로 접근해서는 지속 가능성을 담보할 수 없다. 실무자는 단기적인 기업 성과와 장기적인 ESG 목표 사이에서 균형을 조정하는 역할을 수행해야 하며, 이를 위해서는 현실적인 시각과 명확한 기준이 필요하다.

앞서 논의한 기업 차원의 균형이 ESG 경영을 지속 가능하게 만들기 위한 전략적 균형이라면, 실무자의 균형은 비즈니스 현실과 ESG 목표 사이에서 최적의 조합을 찾아내는 운영적 균형이다. 현실적인 배경과 환경을 고려하면서도, ESG를 기업의 성장과 연결할 수 있는 실행 가능성을 모색해야 한다. 이를 위해서는 변화하는 정책과 다양한 관점 속에서도 흔들리지 않을 자신만의 방향성을 설정하는 것이 중요하다.

실무자가 ESG 업무를 수행하는 과정에서 가장 먼저 확립해야 할 것은 'ESG에 대한 자신만의 가치관'이다. 기업이 ESG를 단순한 규제 대응이 아닌 장기적인 성장 전략으로 활용하려면, 실무자가 이를 이상과 현실 사이에서 균형 있게 조정할 수 있는 기준을 갖추고 있어야 한다. 이는 ESG 경영을 효과적으로 수행하기 위한 핵심 요소이며, 단순한 원론적 논의가 아니라 실질적인 실행력과 직결된다.

실무자의 목표는 회사의 목적, 그리고 ESG가 지향하는 궁극적인 도달점 사이에서 균형점을 찾아내는 것이다. 예를 들어, ESG의 궁극적인 목표는 인류와 이 사회 전체의 지속이다. 그렇다면 실무자 입장에서는 어떤 일을 할 수 있을까? 환경 보호 캠페인을 주최하는 것은 어떨까? 직원들과 함께 지역 사회 봉사를 나가 사회적 공헌을 하는 것은? 이런 시도는 분명히 가치 있는 일이다. 하지만 비즈니스 현장에서의 합리적 ESG 수행이라 볼 수는 없다. ESG 경영은 어떤 새로운 기업 활동을 추가하는 것이 아니라, 현재 기업이 운영하는 방식과 영향을 명확히 파악하고 관리하는 것에서 시작되기 때문이다. 기업이 환경·사회·지배구조 측면에서 어떤 영향을 미치는지 데이터로 측정하고, 이를 외부에 투명하게 공개하는 것이 ESG의 출발점이다.

ESG 도입 초기에 가장 흔히 발생하는 오해 중 하나가 바로 '새로운 ESG 활동을 기획하는 것이 ESG 경영'이라는 잘못된 접근이다. 앞서 언급한 것처럼, 실무자들이 처음 ESG 업무를 맡게 되면 환경 보호 캠페인을 진행하거나 지역 사회 봉사활동을 확대하는 등의 새로운 프로젝트를 진행하는 데에 집중하는 경우가 종종 있다. 물론 이러한 활동이 ESG의 가치와 방향성과 일맥상통할 수는 있지만, 현재 기업이 실질적으로 요구받는 ESG 경영의 핵심과는 거리가 있다는 점을 명확히 인지해야 한다.

ESG를 도입할 때 가장 먼저 해야 할 일은 기업의 현재 운영 방식이 ESG 기준에서 어느 정도 부합하는지 파악하는 것이다. 즉, 새로운 활동을 추가하는 것이 아니라, 기존 활동을 평가하고 조정하는 것이 ESG 도입의 출발점이다. 환경 보호 캠페인이나 지역 사회 봉사와 같은 프로젝트는 ESG의 목표와 맞닿아 있지만, 정작 ESG 평가에서 가장 중요한 요소는 경영 프로세스를 투명하게 공개하고 지속적으로 관리하는 체계를 구축하는 것이다.

탄소 감축에 대한 오해도 마찬가지다. ESG에서 탄소 감축이 중요한 요소이긴 하지만, ESG의 전부는 아니다. 기업의 지속 가능성을 판단하는 과정에서 탄소 감축은 하나의 평가 항목일 뿐, ESG의 핵심은 기업의 전체적인 경영 방식과 연관되어 있다. ESG 성과를 측정하는 다양한 기준 중 하나가 탄소 감축이며, 이와 함께 경영 투명성, 공급망 관리, 노동 환경 개선 등의 요소도 주요 평가 항목으로 포함된다. ESG는 탄소 중립을 목표로 하지만, 기업의 이익과 시장 내 경쟁력을 함께 고려해야 하는 복합적인 경영 전략이다. 다시 말해, ESG는 기업이 이윤을 추구하면서도 지속 가능한 경영을 실현하는 방법론이다. 이 과정에서 기업은 단순히 탄소 배출을 줄이는 것뿐만 아니라, 자사의 경영 전략을 사회적 책임과 결합해 장기적으로 지속 가능 발전을 도모해야 한다.

최근 많은 기업들이 경영진 보상 평가에 ESG 지표를 포함시키고 있다는 점은 주목할 만하다. 이는 단순히 보여주기식 선택이 아니라, ESG 지표가 실제 기업 평가와 성과에 직접적인 영향을 미친다는 점을 의미한다. 이는 ESG 경영이 사회적 책임을 넘어 기업의 경제적 성과와도 연결되어 있음을 보여준다.

ESG는 재무적 중요성Financial Materiality 관점을 채택해, (투자자의) 투자 의사 결정, (OEM사의) 구매 의사 결정, 그리고 (실행 기업의) 장기적 재무적 가치에 영향을 미칠 수 있는 중요한 비재무 요인으로 작용한다. 이러한 사실을 고려하면 실무자들이 ESG를 단순한 이상이 아닌, 현실적인 경영 도구로 바라보는 역량을 갖춰야 한다는 것을 다시금 분명히 알 수 있다.

실무적인 관점에서 ESG를 논할 때, 원론적인 목표만 강조하는 것은 실제 경영 환경에서 이를 실행하는 데 어려움을 줄 수 있다. ESG의 궁극적인 목표는 기후 변화 위기의 영향을 최소화하고, 지속 가능한 기술을 마련할 수 있도록 기업을 돕는 것이다. 그러나 이 목표를 실무적인 접근 없이 논하면, 실제 비즈니스에서 이를 효과적으로 적용하기 어렵다. 따라서 ESG 실무자는 기업의 실질적인 이익과 ESG 목표를 균형 있게 조정하며, 단계적으로 실행하는 전략을 마련해야 한다.

우리말에 '꿩 잡는 것이 매다'라는 속담이 있다. 겉모습이나 명분보다는 결과가 중요하다는 의미다. ESG 경영에서도 결과는 중요하다. 그러나 과정 없이 결과만 강조하는 ESG는 지속 가능하지 않으며, 과정 자체도 체계적이지 않다면 결과 또한 공허해질 수 있다. ESG 경영은 단기적인 성과가 아니라, 장기적인 성과와 지속 가능한 사회를 위한 점진적이고 체계적인 과정이 필수적이다.

결국 ESG는 이상과 현실을 연결하는 도구다. ESG의 목표는 지속 가능한 사회라는 궁극적인 목적과 기업의 이윤 추구 사이의 균형을 찾도록 돕는 것이다. ESG는 시장 경제에서 가장 강력한 동력인 '자본'의 흐름을 활용하여, 기업이 현실적인 제약 속에서도 궁극적인 지속 가능성을 향해 나아갈 수 있도록 유도하는 역할을 한다. 현행 제도에는 미흡한 부분이 분명 존재한다. 하지만, 그럼에도 ESG를 통해 우리가 점진적으로 목표에 다가가고 있다는 사실만은 분명하다. 이것이 ESG가 이상과 현실을 잇는 방식이다.

ESG는 일시적인 유행인가?

　ESG는 최근 기업 경영의 중요한 화두로 떠올랐지만, 일각에서는 이를 일시적인 유행으로 치부하며 경제적·정치적 변화에 따라 금방 사라질 것이라고 주장한다. ESG를 단순히 '환경 보호'나 '탄소 감축'과 같은 규제 대응의 일환으로만 인식할 경우 이러한 의심이 생기는 것도 무리는 아니다. 실제로 일부 기업들은 ESG를 단기적인 마케팅 수단이나 투자 유치를 위한 전략적 요소로 활용하며, 명확한 계획 없이 일회성 목표만을 내세우는 경우도 있었다. 이러한 접근 방식은 ESG를 일시적인 유행처럼 보이게 만든 원인 중 하나다.

　그러나 기업이 단순히 당장의 규제와 사회적 요구에 대응하는 것을 넘어 '백 년 기업' 혹은 '천 년 기업'을 목표로 한다면, ESG는 필수적인 요소가 될 수밖에 없다. '백 년 기업'이라는 개념은 단기적인 이익을 넘어 장기적인 비전과 책임을 바탕으로 지속 가능한 경영 철학을 추구하는 기업을 의미한다. 환경적 책임과 사회적 가치를 실현하는 것은 단순한 경제적 성과를 넘어 고객과 사회로부터 신뢰를 쌓고, 기업의 장기적인 존속 가능성을 높이는 전략이다. 이를 위해서는 기업이 지속 가능성을 실천할 수 있는 체계적인 목표와 책임 의식을 내재화하고, 이를 경영 방식에 반영하는 과정이 필수적이다. ESG 경영은 단순한 유행이 아니라, 기업이 환경(E), 사회(S), 지배구조(G) 전반에 걸쳐 장기적 존속을 위한 기반을 다져 나가는 과정과 맞닿아 있다.

ESG를 단순한 트렌드가 아닌, 지속 가능 발전의 필수 전략으로 받아들인 기업의 대표적인 사례로 다논Danone을 들 수 있다. 다논은 ESG 요소를 단순한 규제 대응이 아니라, 기업의 지속 가능성과 장기적인 성장의 기회로 접근했다. 특히 환경 보호(E)뿐만 아니라 사회적 책임(S)과 지배구조(G) 개선까지 종합적으로 고려하며 ESG 경영을 실천하고 있다.

먼저, 다논은 기후 변화 대응을 위해 과학기반 감축목표SBTi를 수립하고, 2050년까지 넷 제로[09] 달성을 목표로 삼았다. 이를 실현하기 위해 2020년 대비 2030년까지 전 가치사슬의 온실가스 절대배출량을 약 35% 감축하는 중기 목표를 설정했으며, 특히 낙농 부문의 메탄 배출을 2030년까지 30% 줄이는 것을 공약했다.

이러한 감축 목표를 달성하기 위해 다논은 재생 농업Regenerative Agriculture을 도입했다. 전통적인 농업 방식이 토양 황폐화와 온실가스 배출을 초래하는 반면, 재생 농업은 토양 건강을 회복하고 탄소를 흡수하는 방식으로 지속 가능성을 극대화한다. 다논은 미국과 캐나다에서 14만 에이커 이상의 농지에 재생 농업을 도입하여 탄소 배출 감축 효과를

---

09) 넷 제로(Net Zero) : 기업, 국가 또는 조직이 배출하는 온실가스의 총량을 0으로 만드는 것을 의미한다. 이는 배출 자체를 완전히 없애는 것이 아니라, 배출량을 최대한 줄이고, 불가피한 배출은 탄소 포집·제거 기술(Carbon Capture & Storage, CCS) 또는 탄소 상쇄(Carbon Offsetting) 등을 통해 상쇄하는 방식으로 달성된다. 유엔 그리고 과학기반 감축목표(SBTi) 등에 따르면, 전 세계가 2050년까지 넷 제로를 달성해야 지구 평균 기온 상승을 산업화 이전 대비 1.5°C 이내로 제한할 수 있다.

거두었으며, 멕시코에서는 낙농가 500여 곳을 지원해 재생 농법 전환을 돕고 있다. 프랑스에서는 185개 농가와 협력해 지속 가능한 농업 기술을 확산시키고 있으며, 소비자들이 직접 농장을 방문해 지속 가능한 농업을 체험할 수 있도록 프로그램도 운영 중이다. 이를 통해 다논은 공급망 내 환경적 영향을 줄이고, 농촌 공동체의 지속 가능성을 높이는 효과를 거두고 있다.

또한, 다논은 사업장 내 **재생에너지 전환**과 **친환경 패키징 혁신**을 적극 추진하고 있다. 2030년까지 사업장 전력의 100%를 재생에너지로 전환하는 목표를 세웠으며, 2022년 기준 이미 70% 이상을 재생 가능 전기로 조달하고 있다. 친환경 패키징 측면에서는 2030년까지 모든 제품 포장을 100% 재사용 가능하거나 재활용 또는 퇴비화할 수 있도록 만들 계획이며, 현재 전체 포장의 84%가 이러한 기준을 충족하고 있다.

하지만 다논의 ESG 전략이 환경(E)에만 집중된 것은 아니다. 사회적 책임(S)과 지배구조(G) 개선 또한 핵심 요소로 포함되어 있다. 다논은 지속 가능한 공급망을 구축하고, 노동 환경을 개선하는 데 집중하고 있다. 국제노동기구ILO 기준을 준수하며, 2022년에는 강화된 인권 정책을 발표해 공급망 내 노동 환경을 개선했다. 또한, 1억 유로 규모의 다논 에코시스템 펀드Ecosystem Fund를 조성하여 전 세계 20여 개국에서 40여 개의 지역사회 프로젝트를 지원하고 있다. 대표적으로 마다가스카르에서는 3,000여 개의 소농을 대상으로 바닐라 재배 지원 사업을 운영하며, 농가 소득을 증대시키고 생태계를 보호하는 모델을 구축했다.

다논의 사례에서 볼 수 있듯, ESG 경영은 단순히 친환경 정책을 추가하는 것이 아니라, 기존 경영 방식을 지속 가능하게 전환하는 과정이다. 그러나 ESG가 탄소 감축과 같은 환경(E) 목표만을 의미하는 것으로 오해될 경우, ESG는 일시적인 유행으로 보일 위험이 크다. 환경 목표를 실질적으로 달성하려면, 기업의 의사결정 구조(G)를 명확히 하고, 사회적 책임(S)을 다하는 경영이 함께 이루어져야 한다. ESG의 본질은 E, S, G의 요소가 유기적으로 작동하는 것이다.

즉, 온실가스 감축이나 친환경 기술 활용 같은 환경(E) 요소가 실제 기업 경영에 뿌리내리려면 지배구조(G) 측면에서 의사결정의 독립성과 명확한 책임 소재가 전제되어야 한다. 또한, 조직 내부적으로는 임직원의 안전과 복지, 외부적으로는 지역사회와 이해관계자를 고려하는 사회(S)적 책임이 뒷받침될 때, 비로소 환경 목표가 효과적으로 달성될 수 있다. ESG의 핵심은 'E' 하나만으로는 완성되지 않으며, 'S'와 'G'가 함께 움직일 때 지속 가능한 경영이 실현될 수 있다는 점이다.

ESG를 일시적 유행으로 대할지, 기업의 장기 존속을 위한 필수 경영 원리로 받아들일지는 경영진의 선택이다. 그러나 다논과 같은 기업들의 사례는 ESG가 단순한 트렌드가 아니라, 기업이 백 년 기업, 천 년 기업을 꿈꾼다면 반드시 받아들여야 할 경영 철학이라는 사실을 분명히 설명한다.

  기업의 지속 가능성은 단순히 단기적인 이익 극대화에서 나오지 않는다. 오랫동안 존속하며 신뢰받는 기업이 되기 위해서는, 환경 보호(E), 사회적 책임(S), 투명한 지배구조(G)를 갖춘 ESG 경영이 필수적이다. ESG는 단기적인 유행이 아니라, 기업이 생존하고 지속 가능 발전을 이루기 위해 반드시 고려해야 하는 경영의 필수 요소다.

지속가능경영 혁신

앞선 2장에서 논의한 내용은 기업이 지속가능성을 중심으로 비즈니스 목표를 재설정하고 기존의 패러다임을 근본적으로 전환해야 함을 시사한다. 기업은 생존을 위해 끊임없이 변화하고 적응해야 한다. 혁신은 선택이 아닌 기업 생존의 조건이다. 기술 혁신이든 경영 혁신이든, 변화하는 시장 환경과 새로운 도전에 효과적으로 대응하지 못하면 기업은 도태될 수밖에 없다.

빠르게 변화하는 시장과 치열한 경쟁 속에서, 지속적인 혁신은 기업이 경쟁력을 유지하고 성장을 이어가기 위한 필수 요소다. 한때 시장을 주도하던 기업들도 혁신을 소홀히 하고 기존의 성과에 안주한 결과 경쟁자들에게 선두 자리를 내주고 도태되는 사례가 적지 않다. 그중에서도 인텔의 몰락은 기술 혁신을 단순한 비용으로만 인식하는 태도가 기업에 얼마나 치명적인 영향을 미칠 수 있는지를 보여주는 대표적인 예시다.

콩 세는 사람들의 비즈니스

한때 반도체 시장의 절대 강자로 군림하던 인텔은 지금의 어려움을 예측하기 힘들었을 정도로 오랜 기간 시장을 주도해왔다. 인텔의 몰락은 어느 한순간에 일어난 것이 아니다. 문제는 인텔 내부에서 오래전부터 축적되어 왔다. 가장 큰 원인은 기술 혁신을 비용으로만 보는 태도에 있었다. 셀 수 있는 지표로 모든 현상을 압축시키는 소위 '콩 세는 사람들 Bean Counters'의 경영 방식이 그 이유다. 이런 경영 방식은 재무제표상의 단기 성과에만 집중함으로써 장기적인 성과를 어렵게 만든다.

인텔은 수년간 반도체 기술의 선두 주자로서 혁신을 이끌어 왔지만, 점차 내부적으로 보수적인 재무 운용에 집중하는 모습을 보였다. 개발과 혁신에 대한 투자를 비용으로만 인식하여, 단기적인 비용 절감에 집중한 것이다. 인텔의 경영진은 신제품 개발이나 신기술 도입 대신, 기존 제품을 조금씩 개선하는 수준으로 퇴보했다. 이러한 결정은 결과적으로 인텔의 경쟁력을 떨어뜨려, 경쟁사들에게 뒤처지는 결과를 낳았다.

결과적으로 애플과 AMD[10]가 새로운 기술을 통해 반도체 시장에서 빠르게 점유율을 높여가는 동안 인텔은 그 흐름을 놓치게 되었다. 애플이 자체 칩인 M1 칩을 출시하면서 인텔의 CPU는 더 이상 차별화된 강점

---

10) AMD(Advanced Micro Devices)는 1969년 설립된 미국의 반도체 기업으로, 주로 중앙처리장치(CPU), 그래픽처리장치(GPU), 데이터센터 및 임베디드 시스템용 반도체 솔루션을 개발·제조한다.

을 내세우지 못했다. 동시에, AMD는 인텔과 대비되는 행보를 보이며 시장에서의 입지를 빠르게 확대했다. AMD는 고성능·고효율 프로세서를 개발하는 데 집중했으며, 특히 라이젠Ryzen 시리즈와 에픽EPYC 서버 프로세서를 통해 소비자 및 데이터센터 시장에서 점유율을 높였다. 또한, 반도체 생산을 외부 파운드리TSMC에 맡기는 전략을 통해 최신 공정을 신속하게 도입하며 성능과 전력 효율성을 극대화했다. 이들이 성장하는 동안 인텔은 자체 생산 공정 전환에 어려움을 겪으며 경쟁사보다 뒤처지게 되었고, 이는 차후 시장의 흐름을 결정짓는 중요한 요인이 되었다.

인텔의 반대 사례로는 테슬라를 꼽을 수 있다. 테슬라는 전기차 시장에서 기술 혁신을 통해 선두 주자로 자리매김했다. 초기에 막대한 연구 개발 비용이 투자되었으나 결과적으로는 기술 혁신으로 전기차 시장을 개척하고 주도할 수 있었다. 테슬라는 단순히 전기차를 만드는 것에서 그치지 않고, 연관된 배터리 기술, 자율주행 기술 등의 다각적인 혁신으로 시장에서의 경쟁력을 강화했다. 기업의 생존과 성장을 위해서는 지속적인 혁신이 필수적이다. 그리고 이런 혁신의 동력을 잃지 않기 위해서는 이를 비용이 아닌 투자로 인식할 수 있는 거시적인 시야가 필요하다.

혁신을 비용으로만 여기는 태도는 기업의 생존을 위협할 수 있다. 혁신은 단순히 새로운 제품을 출시하는 것 그 이상이다. 기업의 혁신은 시장 변화에 적응하고 선도할 수 있는 능력을 기르는 과정이기도 하기 때문이다. 빠르게 변화하는 시장 속에서 혁신에 대한 투자를 단순 비용으로만 인식한다면 결국 기업은 언젠가 더는 생존할 수 없는 국면을 마주하게 된다.

ESG 경영의 도입

　인텔의 몰락 사례에서 우리는 혁신을 멈춘 기업이 어떻게 도태될 수 있는지를 명확히 알게 된다. ESG 경영의 경우도 마찬가지다. ESG는 단순한 사회적 책임을 넘어서, 기업의 지속 가능성을 위한 필수적인 혁신이다. ESG를 기업에 도입하는 과정에서는 분명 많은 투자가 요구되나, 이를 방기한다면 언젠가 경쟁에서 뒤쳐지는 결과를 마주할 수밖에 없다. ESG는 아직 성장중인 시장이다. 평가 기준도 계속 형성되고 바뀌기를 반복하고 있으며, 관련 제도 또한 마찬가지다. 한편 업계가 폭발적으로 성장하면서 동시에 어떠한 기준점을 만들어 가는 과정 속에 있다는 것은, 그만큼 기업이 자체적인 프레임워크를 가지고 있어야 주도적인 대응이 가능해진다는 뜻이기도 하다.

　지속가능성을 위한 혁신은 모든 기업에게 필수적인 과제로 자리 잡고 있으며, 이를 성공적으로 이끌기 위해서는 기업별로 상황에 맞는 맞춤형 전략이 필요하다. 각 기업이 보다 저렴한 비용으로 실효성 높은 지속가능경영 전략을 수립하기 위해서는, 담당자가 ESG에 대한 명확한 이해를 가지고 있어야 한다. 구체적인 도입 과정에 있어서는 컨설턴트 등 외부의 도움을 받을지언정, 회사에서 자체적으로 ESG에 대한 가이드라인을 제공하지 못한다면 장기적이고 실효성 높은 성과를 얻기는 어렵다. 또한 각 회사의 상황은 내부에서 가장 잘 알고 있는 만큼, 우리 회사에 어디서부터 어디까지가 필요한지를 담당자가 명확하게 알고 있어야 한다. 이처럼 ESG의 시스템을 명확히 이해하고 우리 회사에 어떻게 적용할지에 대한 청사진을 그릴 수 있다면, 체계적으로 지속가능경영 전략을 수립할 수 있게 된다.

각 기업의 상황에 따라 취할 수 있는 전략에도 차이가 있다. 이를 이해하기 위해서는 기업이 각기 처한 상황을 먼저 이해할 필요가 있다. 대기업의 공급망 관리는 이해관계자들의 요청에 의해 시작된다. 글로벌 규제와 투자자 요구가 증가하면서 대기업은 공급망 내 협력사들의 ESG 기준 준수 여부를 확인할 책임을 가지게 되었다. 관리의 주체는 대기업이며, 대기업이 협력사를 체계적으로 관리하고 있는지를 확인하는 과정에서 공급망 관리가 이루어진다. 그러나 대기업은 공급망 관리 과정에서 협력사들의 ESG 대응 역량이 부족하여, 이로 인해 자사의 법적·윤리적 리스크가 높아지는 상황을 발견하게 된다. 이러한 리스크를 보다 철저히 관리하기 위해 공급망 관리 체계는 점차 공급망 실사로 전환되었다.

공급망 실사는 기존의 관리 방식과는 달리, 협력사가 주체가 되는 형태로 진행된다. 협력사는 대기업의 요구에 따라 ESG 기준 준수 여부에 대해 평가를 받는 입장이 되며, 대기업은 협력사가 제공한 정보를 기반으로 자사의 리스크를 관리한다. 이 과정에서 공급망 실사는 단순히 협력사의 성과를 평가하는 것을 넘어, 리스크를 협력사에게 전가하는 역할을 하기도 한다. 대기업은 실사를 통해 협력사들에게 필요한 개선 사항을 요구하거나, ESG 기준을 충족하지 못할 경우 거래를 제한하는 등의 조치를 취할 수 있는 권한을 행사한다.

대기업의 공급망 실사 목적은 브랜드 이미지와 글로벌 규제를 충족하는 데 있다. 대기업은 GRI, TCFD 등 글로벌 표준에 맞춘 공시를 통해 대외 신뢰도를 높이고, 공급망 내 리스크를 줄이며 ESG 책임성을 강화하고자 한다. 이는 글로벌 시장에서의 경쟁력을 확보하기 위한 필수적인 과정으로 자리 잡고 있다.

한편, 중소기업은 대기업과 달리 자원과 인력이 제한적이기 때문에 전방위적인 공급망 실사를 수행하기 어려운 경우가 많다. 따라서 중소기업은 관리 가능한 공급망 범위에 집중하여 지속 가능성을 높이는 데 초점을 맞추는 것이 현실적인 전략이다. 대기업의 협력사로서 실사를 받는 중소기업은 대기업의 요구 사항을 정확히 이해하고, 이에 대응할 수 있는 역량을 갖추는 것이 중요하다. ESG 기준 준수는 단순한 규제 대응이 아니라, 기업의 생존과 경쟁력을 확보하기 위한 필수 조건이 되고 있다.

ESG 경영을 성공적으로 도입한 기업들은 공통적으로 ESG를 단순한 비용이 아닌 장기적인 투자로 인식하고 있다. 이들은 ESG를 기업의 지속

가능성과 경쟁력 강화를 위한 핵심 전략으로 삼으며, 환경(E), 사회(S), 지배구조(G) 요소를 개별적으로 운영하는 것이 아니라 유기적으로 통합하여 지속 가능한 경영 모델을 구축했다는 점에서 차별성을 보인다.

파타고니아Patagonia의 'Worn Wear' 프로그램은 ESG 경영을 효과적으로 실천한 대표적인 사례로 꼽힌다. 'Worn Wear'는 단순한 중고 제품 판매가 아니라, 소비자들에게 제품을 오래 사용할 수 있도록 수선 및 유지 보수 서비스를 제공하는 프로그램이다. 이를 통해 파타고니아는 환경 부담을 줄이는 동시에, 브랜드 충성도를 높이고 지속 가능성을 강화하는 선순환 구조를 구축했다. 또한, 파타고니아는 수익의 1%를 환경 단체에 기부하는 '1% for the Planet' 캠페인을 운영하여, 기업의 이익을 사회적 가치 실현과 연결시키는 전략을 펼치고 있다. 이러한 ESG 경영의 성과로 파타고니아는 친환경적인 브랜드 이미지를 구축하는 것을 넘어, 고객들의 신뢰를 확보하고 브랜드 충성도를 강화하는 데 성공했다.

글로벌 패스트푸드 브랜드인 맥도날드McDonald's 역시 ESG 경영을 적극적으로 도입하여 장기적인 가치를 창출하고 있다. 맥도날드는 글로벌 공급망을 활용해 지속 가능한 농축산물 조달을 확대하는 정책을 시행하고 있다. 대표적인 사례로, 맥도날드는 2030년까지 자사 패키징의 100%를 재활용 가능하거나, 재생 가능 또는 인증받은 원료로 제작한다는 목표를 설정했다. 또한, 온실가스 감축을 위한 과학기반 감축목표 SBTi에 가입하여, 기후 변화 대응을 위한 명확한 감축 목표를 수립하고 실천하고 있다. ESG 경영을 통해 맥도날드는 환경적 책임을 다하는 동시에, 소비자들에게 지속 가능한 소비의 중요성을 인식시키고 브랜드 가치를 제고하고 있다.

파타고니아와 맥도날드의 사례에서 볼 수 있듯이, ESG 경영을 효과적으로 실천한 기업들은 환경 보호, 사회적 책임, 투명한 지배구조의 세 요소를 유기적으로 결합하여 차별화된 경쟁력을 확보하고 있다. ESG 경영은 더 이상 선택의 문제가 아니라, 기업이 시장에서 신뢰를 얻고 장기적인 가치를 창출하기 위해 반드시 고려해야 할 필수 요소다. 중요한 것은 단순한 규제 대응이 아니다. 기업의 비즈니스 모델에 ESG를 어떻게 효과적으로 접목하고 실행할 것인가에 대한 전략적 접근이다. 즉, 중요한 것은 '왜 해야 하는가'가 아니라, '어떻게 실행할 것인가'에 대한 구체적인 전략과 실천 방안이다.

서울산업의 ESG 도입 사례 (1)

서울산업은 자동차 부품 가공 및 제조를 전문으로 하는 중소기업으로, 국내외 여러 완성차 기업 및 1차 협력사들과 협력하고 있다. 최근 글로벌 자동차 산업에서 ESG 요구가 강화되면서, 협력사들도 이에 대한 공시와 평가 대응을 준비해야 하는 상황이 되었다. 자연스럽게 서울산업 역시 에코바디스EcoVadis 평가 등 자동차 업계의 주요 평가 기준을 충족해야 하는 과제가 주어졌다.

그러나 서울산업은 ESG 도입을 단순히 평가 점수를 높이는 과정으로 접근하지 않았다. 기업 운영의 내실을 다지고, 장기적으로 자체적인 ESG 운영 역량을 확보하는 것이 더 중요하다고 판단했다. ESG 경영은 일회성 프로젝트가 아니라 지속적으로 관리하고 발전시켜야 하는 요소이기 때문이다. 따라서 기업이 스스로 ESG를 운영할 수 있는 체계를 구축하는 것을 목표로 설정했다.

ESG를 새롭게 도입하는 과정에서 비용과 효율성의 균형을 맞추는 것은 기업의 중요한 과제였다. 많은 기업이 외부 컨설팅에 의존해 ESG 평가를 준비하지만, 서울산업은 장기적으로 컨설팅에 의존하는 대신, 기업 내부에서 ESG를 주도적으로 운영할 수 있는 시스템을 구축하는 것을 목표로 삼았다. 필요한 부분에서는 외부의 도움을 받았지만, 핵심은 기업이 스스로 ESG를 관리하고 지속적으로 발전시킬 수 있도록 체계를 정비하는 것이었다.

이는 내가 ESG 컨설팅을 진행할 때 늘 중요하게 생각해 온 방향과도 맞닿아 있다. ESG는 기업이 직접 운영해야만 지속 가능성이 보장된다. 단기적인 평가 대응에 초점을 맞추기보다, 기업이 자립적으로 ESG 경영을 운영할 수 있도록 체계를 만들어야 한다는 점은 아무리 강조해도 지나치지 않다. 서울산업이 이러한 접근 방식을 택한 것은 ESG 도입을 단순한 규제 대응 수단이 아니라 기업의 지속 가능성을 높이는 경영 전략으로 활용했다는 점에서 의미가 크다. 장기적으로 볼 때, 이는 외부 요구에 수동적으로 반응하는 것이 아니라, 기업이 스스로 ESG를 경영의 한 축으로 삼아 경쟁력을 강화하는 방향으로 나아간다는 점에서 중요한 시사점을 제공한다.

1 ESG 도입을 위한 사내 교육 진행

ESG 도입을 앞두고 내부 구성원들이 개념을 정확히 이해할 수 있도록 먼저 4주간의 인식 개선 교육과 C레벨 대상 교육을 진행했다. ESG는 '얼마나 잘했는지'를 평가하는 것이 아니라, 기업이 어떤 노력을 하고 있는지를 투명하게 공개하는 과정이라는 점에서 혼란을 느끼는 경우가 많았다. 따라서 교육에서는 ESG의 개념과 범위를 명확히 정리하고, 공시의 역할과 중요성을 이해하는 데 초점을 맞추었다.

또한, ESG 담당자의 역할에 대한 인식도 정립할 필요가 있었다. 담당자는 직접 ESG를 실행하는 것이 아니라, 각 부서에서 진행하는 활동을 체계적으로 정리하고 공시를 관리하는 역할을 맡게 된다. 이를 통해 ESG가 기업의 경영 전반에 자연스럽게 스며들 수 있도록 조율하는 것이 핵심이었다. 이러한 과정을 거치면서 사내 관계자들이 ESG를 단순한 규제 대응이 아닌, 기업이 주도적으로 운영할 수 있는 체계적인 경영 방식으로 받아들일 수 있도록 했다.

2 기업 정책 수립

이후 기업의 정책을 수립하는 작업에 돌입했다. 글로벌 ESG 평가에서는 기업이 자체적으로 정책을 선언하는 행위 자체와 그 내용을 중요하게 평가하는데, 이는 기업이 ESG 원칙을 단순히 외부 요구사항으로 인식하는 것이 아니라, 실제 경영의 일부로 자리 잡고 있음을 보여주는 역할을 하기 때문이다. 특히, ESG 경영에서는 기업이 무엇을 했는지를 투명하게 공개하는 것이 중요하며, 이를 뒷받침할 수 있는 근거가 필요하다. ESG 전략, 미션, 비전이 이러한 근거의 기반이 되고, 이를 구체적으로 정리한 것이 지침과 정책이다.

그러나 단순히 대기업의 정책을 벤치마킹하는 방식은 적절하지 않았다. 중소기업의 현실에 맞는 정책을 마련하는 것이 더욱 중요했다. 서울산업은 이를 위해 국제적인 기준을 참고하면서도, 기업 운영에 실질적으로 적용할 수 있는 정책을 만드는 데 집중했다. 이에 따라, 기업의 사회적 책임을 실현하기 위해 정책을 수립하고, 이를 기업 운영 전반에 반영하기로 결정했다.

인권 정책의 경우, UN 지속가능발전목표SDGs, 국제노동기구ILO 핵심협약, 헌법, OECD 다국적기업 가이드라인, 국내 공공기관 인권경영 매뉴얼 등을 참고하여 해당 기업에 부합하도록 만들었다. 형식을 참고할 수 있도록 내용 일부를 아래 발췌했다.

인권경영 선언문

서울산업은 자동차 부품 사업을 영위하는 기업으로서, 전 임직원과 협력사 및 고객, 지역사회 등 다양한 이해관계자의 인권을 보호·증진하기 위해 노력합니다. 이를 위해 「서울산업 인권경영 기본계획」을 수립하고, 기업 활동 전반에서 인권을 최우선으로 존중하고 실천하고자 다음과 같은 원칙을 선언합니다.

1. 법령 및 공정거래 준수
- 서울산업은 법령과 인권, 윤리 등 국가의 공정거래 관련 법규 및 지침을 성실히 준수합니다.
- 인권경영의 중요성을 충분히 인식하고, 이를 기업 경영 전반에 반영하여 이행합니다.
- 공정거래 관련 준수 서류와 회사 내부 지침을 마련하고, 모든 구성원이 이를 준수하도록 노력합니다.

2. 제품·고객 인권 보호
- 안전관리 및 품질보장을 위해 제품과 서비스의 안전성을 지속적으로 점검하고 개선합니다.
- 고객의 의견을 적극적으로 수렴·반영하며, 더 나은 서비스를 제공하기 위해 노력합니다.

- 업무상 수집된 고객정보는 정해진 범위와 목적 내에서만 사용하고, 개인정보 보호에 만전을 기합니다.

(중략)

서울산업에 소속된 모든 임직원은 본 인권경영 선언문 및 기본계획을 성실히 이행하고, 인권 존중 문화를 실천하는 데 앞장서겠습니다. 앞으로도 서울산업은 인권경영을 지속적으로 고도화하여 이해관계자와 함께 성장하며, 사회적 책임을 다하는 기업이 되기 위해 최선을 다할 것입니다.

참고문헌

본 인권정책은 여러 국제 인권규범 및 관련 법규에서 명시하는 정신과 가치를 추구하며, 아래의 선언 및 협약을 기반으로 제정하였습니다.

1. Universal Declaration of Human Rights(세계인권선언), UN General Assembly.
2. The Ten Principles of the UN Global Compact, UN Global Compact.
3. International Labour Organization's Declaration on Fundamental Principles and Rights at Work, ILO.
4. United Nations Convention Against Corruption, UN General Assembly.
5. The OECD Guidelines for Multinational Enterprises, OECD.
6. UN Guiding Principles on Business and Human Rights, UNGP
7. UN SDGs (https://sustainabledevelopment.un.org/)

환경 정책 역시 인권 정책과 마찬가지로, 기업의 ESG 원칙을 실질적으로 반영하는 중요한 기준이 된다. 글로벌 ESG 평가에서는 기업이 환경 보호와 지속 가능성을 위해 어떤 정책을 수립했는지를 중시하며, 이

를 통해 기업의 책임 있는 경영 의지를 확인한다.

이러한 정책을 수립함으로써, 서울산업은 ESG 공시에 필요한 근거 자료를 확보하는 동시에, 실제 기업 운영에서도 ESG 원칙을 적용할 수 있는 기반을 마련했다. 정책이 존재한다는 것만으로도 외부에 기업의 방향성을 명확히 보여줄 수 있으며, 평가 대응에서도 유리한 요소로 작용할 수 있다. 특히, ESG 공시는 단순히 '잘했는지'를 평가하는 것이 아니라, '무엇을 했는지'를 투명하게 공개하는 과정이라는 점에서, 정책이 사전에 마련되어 있다면 기업이 어떤 기준과 근거로 ESG 활동을 수행했는지를 명확히 설명할 수 있다. 이를 통해 기업은 단순히 외부 요구에 맞추는 것이 아니라, 스스로 설정한 목표와 방향성을 바탕으로 ESG 경영을 체계적으로 실천할 수 있게 된다.

정책을 수립하는 것은 단순한 형식적 절차가 아니라, 기업이 ESG 활동을 수행하는 데 있어 명확한 근거를 제시하는 과정이기도 하다. 기업이 특정한 ESG 활동을 실행했다면, 그 행위의 기반이 되는 정책이 필요하고, 이 정책이 곧 기업의 전략과 비전, 미션을 구체화하는 역할을 한다. 따라서, 서울산업은 외부에 기업의 ESG 노력을 투명하게 보여줄 수 있도록, 환경 정책을 기반으로 한 실행 방안을 마련하는 데 집중했다.

ESG를 처음 도입하는 기업이라면, 기존에 갖추고 있는 규정과의 비교를 통해 정책을 정리하는 것이 효과적이다. 예를 들어, 많은 기업이 취업 규칙을 노무사와 함께 정리한 경험이 있는 만큼, 기존 규정과 ESG 정책을 비교하며 보완하는 방식으로 접근할 수 있다. 이는 ESG를 처음 도입하는 기업이 보다 현실적인 방향에서 정책을 마련할 수 있도록 돕는다. 정책은 선언문 형태로 '우리는 ~한다'라는 다짐을 담는 것이 일반적이며, 그 아래 개별적인 지침이 실제 행위의 기준이 되는 방식으로 정리되어야 한다.

정책이 중요한 또 다른 이유는, 글로벌 ESG 평가에서 정책의 유무가 중요한 평가 요소이기 때문이다. 서울산업이 준비해야 했던 에코바디스 평가에서도 기업이 환경 및 지속 가능성 관련 정책을 수립했는지 여부를 직접적으로 묻고 있으며, 이를 기반으로 기업의 ESG 대응 수준을 평가한다. 따라서, 정책이 마련되어 있다는 사실만으로도 기업은 ESG 경영 공시 및 평가 대응에서 자연스럽게 유리한 위치를 점할 수 있다.

이처럼 기업이 정책을 체계적으로 수립하고 공시와 내부 행위의 목표 그리고 방향성을 명확히 정리해 둔다면, ESG 경영이 단기적인 대응이 아니라 장기적인 경영 전략의 일부로 자리 잡을 수 있는 기반을 마련할 수 있다. 이는 ESG 경영이 단순히 외부의 요구에 의해 수동적으로 진행되는 것이 아니라, 기업이 능동적으로 지속 가능성을 실현하는 과정이 될 수 있도록 돕는 중요한 요소가 된다.

🌿 지속 가능 발전으로 나아가는 길

ESG 경영은 이제 기업의 선택이 아니라 생존과 성장의 필수 조건이다. 과거에는 경제적 성과가 기업의 핵심 목표였다면, 이제는 환경(E), 사회(S), 지배구조(G) 요소를 종합적으로 고려한 지속 가능성이 기업의 경쟁력과 신뢰도를 결정하는 중요한 요인으로 자리 잡고 있다. ESG를 경영의 중심에 두지 않는 기업은 지속 가능 발전뿐만 아니라, 시장에서의 생존 자체가 어려워질 가능성이 크다.

이러한 흐름은 일시적인 변화가 아니라, 기업이 장기적으로 적응하고 내재화해야 할 새로운 경영 원리다. 과거 인텔이 기술 혁신을 비용으로 인식하고 경쟁력을 상실한 사례에서 볼 수 있듯이, ESG를 단순한 규제 대응이나 일회성 과제로 여기는 기업은 머지않아 경쟁에서 밀려날 가능성이 높으며, 장기적으로 시장에서 도태될 위험을 안고 있다. 글로벌 투자자들은 이미 ESG 요소를 고려한 기업에 더 많은 자본을 배분하고 있으며, 소비자 또한 기업의 지속 가능성에 대한 관심을 높이고 있다. ESG에 대한 대응이 미흡한 기업은 브랜드 신뢰도를 잃을 뿐만 아니라, 금융권에서도 자금 조달이 어려워질 가능성이 크다. ESG 경영은 더 이상 대기업만의 문제가 아니라, 중소기업을 포함한 모든 기업이 반드시 고려해야 할 생존 전략이다.

그렇다면 기업은 어떻게 지속 가능성을 확보할 수 있을까? 핵심은

ESG 경영을 단순한 평가 대응이 아니라, 기업의 운영 전반에 걸쳐 내재화하는 것이다. 이를 위해서는 ESG 거버넌스를 명확히 구축하고, 기업 맞춤형 ESG 전략을 수립하며, ESG 성과를 지속적으로 측정하고 개선하는 과정이 필수적이다. ESG 경영을 실질적으로 운영하기 위해서는 최고 경영진과 실무 조직 간의 명확한 역할 분배가 필요하며, 담당 부서는 평가 대응을 위한 자료 정리뿐만 아니라 각 부서에서 ESG 기준을 실천할 수 있도록 조율하는 역할을 수행해야 한다. 또한, 모든 기업이 동일한 ESG 전략을 적용할 수는 없기 때문에, 각 기업의 산업 특성과 운영 방식에 맞는 ESG 전략을 수립해야 하며, 이를 위해 기존의 규정과 ESG 정책을 연계하는 방식이 효과적이다. 구체적인 실행 방법에 관해서는 이후 보다 자세히 이야기하게 될 것이다.

ESG 경영이 단순히 선언적 수준에서 머물지 않기 위해서는 측정 가능한 목표를 설정하고 정기적으로 검토하는 과정이 필요하다. 글로벌 ESG 공시 기준에 맞춰 지속 가능 경영 보고서를 작성하고, 실적을 분석하여 보완하는 과정을 반복해야 한다. ESG가 단순한 기업 이미지 개선 수단이 아니라, 실질적인 경영 전략으로 작동하려면 지속적인 모니터링과 개선이 필수적이다.

이러한 전략을 통해 ESG 경영을 내재화한 기업은 단순히 규제 준수를 넘어 장기적인 경쟁력을 확보할 수 있다. 지속 가능성을 고려한 경영은 비용 절감, 브랜드 가치 향상, 투자 유치 확대, 우수 인재 확보로 이어지며, 결국 기업의 장기적인 성장을 견인하는 요소가 된다. 특히, ESG 경영이 강조되는 산업에서 선제적으로 ESG 체계를 구축한 기업은 향후 시장에서 더욱 유리한 위치를 차지할 가능성이 크다. 반면, ESG에 대한 대응이 미흡한 기업은 기업가치 하락뿐만 아니라, 글로벌 기업들과의 협업에서도 어려움을 겪게 될 것이다.

ESG 경영은 단순한 트렌드가 아니라, 미래 기업의 새로운 표준이다. ESG를 도입한 기업과 도입하지 않은 기업의 격차는 점점 더 벌어질 것이며, 이는 단순한 평가 점수가 아닌 기업의 시장 내 입지, 투자 유치 가능성, 브랜드 신뢰도까지 이어질 것이다. ESG를 경영의 중심에 두고 변화하는 시장 환경에 능동적으로 대응하는 기업만이 지속 가능한 성장은 물론이고, 업계를 선도하는 경쟁력까지 확보할 수 있을 것이다. 이제 중요한 것은 ESG를 해야 하는 이유가 아니라, 어떻게 실천할 것인가에 대한 실질적인 전략을 마련하는 것이다.

ESG와 기후위기 대응

일각에서는 ESG를 기후위기에 대응할 수 있는 직접적인 수단으로 오해하는 경향이 있다. 기후변화는 ESG의 중요한 한 축이지만, ESG 경영은 환경Environment, 사회Social, 지배구조Governance의 세 요소에 모두 근거해 있으며 그 목적은 '지속 가능한', '비즈니스'다.

여기서는 기업의 사회적 책임을 강조하는 보다 넓은 범위의 개념인 지속가능경영이 아닌, 제도와 시스템으로서의 ESG 개념에 집중해 이야기를 전개해 보고자 한다. 종종 'ESG 경영' 그리고 '탄소 중립'[11]이라는 단어는 혼재되어 사용된다. 궁극적인 방향성에 있어 두 개념은 비슷한 결을 공유한다. 그러나 실무자 입장에서는 각 개념의 차이를 명확하게 인지해야만 혼선을 예방할 수 있다.

ESG 경영은 '기후변화에 끼치는 인간의 영향을 최소화하기 위해 비재무적 요소를 관리'하는 것으로 정의할 수 있다. 이러한 관리는 공시를 통해 이루어진다. 다시 말해, ESG 경영을 한다고 해서 기업의 탄소 배출량이 감소한다고 이야기할 수는 없다. 탄소 배출량을 직접적으로 감소시킬 수 있는 새로운 변화를 이끌어내는 것이 ESG 경영의 일부가 될 수

---

11) 탄소중립은 제품 혹은 서비스의 생산과 배포 중 발생하는 탄소 배출량과 감소량이 동일하거나 더 작은 상태를 의미한다. 이는 환경을 보호하고 지속 가능한 미래를 만들기 위한 필수적인 조치로 인식되고 있다.

는 있으나, ESG 경영은 근본적으로는 기존의 것들을 관리함으로써 기후변화에 미치는 영향을 최소화하는 것이다. 기술 혁신을 추구하는 기업의 경우를 제외하고는, ESG 경영은 실제 비즈니스 현장에서 일종의 관리 방법론에 가깝게 도입된다.

기업의 탄소 배출량을 측정하는 과정을 살펴보면 이러한 ESG 경영의 방향성을 분명하게 알 수 있다. 기업의 탄소 배출량 측정은 스코프Scope 1, 2, 3의 범위에서 이루어진다. 스코프 1은 '내 필요에 의해 내가 배출한 것'으로, 기업이 소유하고 통제하는 발생원에서 발생한 온실가스 배출이 포함된다. 예를 들어, 기업 소유의 보일러, 화로, 터빈, 운송수단, 소각로, 화학 공정 등에서 발생하는 직접적인 배출이 이에 속한다.

스코프 2는 '내 필요에 의해 다른 사람이 배출한 것'으로, 기업이 구입해 사용하는 전기나 스팀 등에서 발생하는 간접적인 배출을 말한다. 이 배출은 다른 곳에서 생산되어 기업으로 공급되는 에너지 사용에서 발생하며, 온실가스 배출량 산정에 포함된다.

스코프 3는 보다 확장된 개념으로, 기업 활동의 결과로 발생하지만 기업이 직접 통제하지 않는 기타 간접 배출을 포함한다. 여기에는 공급망supply chain에서 발생하는 배출을 비롯해, 제품의 유통과 사용에서 발생하는 배출까지 포함된다. 공급망이란 제품이 생산되어 최종 소비자에게 도달하기까지의 전체 흐름을 의미한다. 즉, 원자재 공급자, 제조업체, 물류업체 등이 포함되며, 이들이 모두 협력해 제품을 생산하고 배송하는 과정이다.

스코프 3의 배출량에는 공급망 내에서 발생하는 협력사의 온실가스 배출도 함께 포함된다. 이는 제품이 생산되고 유통되는 전 과정에서 발생하는 배출을 관리하기 위해, 기업이 협력사와 긴밀하게 협력해 데이터를 제공받고 평가하는 절차가 필요하다는 의미이다. 또한, 가치 사슬 내에서 제품의 사용되는 과정에서 발생하는 배출도 추적해야 한다. 때문에 기업이 탄소 배출을 관리하기 위해서는 단순히 자사에서 발생하는 배출을 넘어 생산 과정에서 협력사가 배출하는 탄소 및 제품이 사용되는 과정에서 발생하는 탄소 등까지 염두에 두면서 탄소중립을 달성하려는 포괄적인 노력이 필요함을 보여준다.

결국, 스코프 3의 배출을 관리하기 위해서는 공급망과 가치 사슬 전반에서 발생하는 배출량을 평가하고 관리하는 노력이 요구된다. 많은 글로벌 기업들이 이러한 과정에서 협력사에게 스코프 1, 2 데이터를 요구하며, 전체 공급망의 ESG 평가를 통해 지속가능경영을 실현하고 있다. 스코프 3는 기술적으로 감축할 수는 없지만, 공급망 실사와 협력사 평가를 통해 점진적으로 개선이 가능하다. 특히 대기업들은 이 부분에서 협력사에 대한 평가 기준을 상향 조정하여 전반적인 공급망의 환경적 책임을 강화하려는 노력을 기울이고 있다.

이렇게 측정된 자료는 보고서나 평가를 위해 활용되어, 기업이 기후위기 대응에서 어떠한 방식으로 탄소 배출을 관리하고 있는지를 평가하는 중요한 지표로 작용한다. 그러나, 이러한 배출량 측정은 직접적인 기술적 감축을 의미하는 것은 아니다. 기업이 스코프 1, 2, 3을 기반으로 배출량을 측정하고 관리하는 것은 현 상태를 평가하고, 이를 공시하는 과정이다. 즉, 배출량을 정확히 파악함으로써 기업이 탄소 중립을 위한 목표를 세우고, 이를 달성하기 위한 구체적인 전략을 수립하는데 필요한 기초 데이터를 제공하는 역할을 한다. 하지만 탄소 배출을 실제로 줄이기 위해서는 별도의 기술적 발전이나 정책적 변화가 필요하다. 예를 들어, 재생 에너지 기술 개발이나 에너지 효율화 설비 도입과 같은 기술적 변화가 이에 속한다. 이러한 기술적 변화는 기업의 생산 공정에서 직접적인 배출량을 줄이거나, 기업이 사용하는 전력의 일부를 재생 가능 에너지로 대체하는 방식으로 진행될 수 있다. 이 과정에서 기술 혁신을 추구하는 기업은 자발적으로 탄소 배출 감축을 위한 투자를 진행하고, 이를 통해 스코프 1과 2의 배출량을 줄일 수 있는 실질적인 변화를 이끌어낸다.

반면, ESG 경영은 이러한 기술적 변화를 직접적으로 주도하지는 않지만, 공시와 투명한 정보 제공을 통해 기업이 기후위기에 대한 대응을 체계적으로 관리하도록 하는 역할을 한다. 이는 ESG 경영이 비재무적 요소를 관리함으로써, 기후변화에 미치는 영향을 최소화하는 방법론에 가깝다는 것을 의미한다. ESG 경영과 기술 혁신은 상호 보완적인 관계에 있다. 기술 혁신이 새로운 변화를 직접적으로 이끌어낸다면, ESG 경영은 그 변화를 투명하게 관리하고 평가하는 시스템을 제공하는 것이다.

이러한 탄소 배출을 관리하기 위한 측면에서, 많은 기업이 탄소중립을 달성하기 위해 탄소 배출권 거래제와 같은 제도를 적극적으로 활용하고 있다. 탄소 배출권은 배출량을 제한하고, 그 한도를 초과할 경우 시장에서 배출권을 구매해야 하는 제도다. 이를 통해 기업들은 자발적으로 온실가스를 줄일 수 있는 방안을 모색하게 되며, 배출량을 줄이지 못할 경우 탄소 배출권을 통해 추가적인 비용을 부담하게 된다.

그러나 마찬가지로 탄소 배출권 거래제는 실제로 기업들이 탄소 배출을 줄이지 않고 배출권 구매로 문제를 해결하려는 경향을 보일 수 있다는 점에서 한계가 있다. 이 때문에, 배출권 구매만으로는 기업의 탄소 배출량이 실제로 감소하였다고 이야기할 수는 없다.

'애플워치 시리즈 9' 광고를 둘러싼 논쟁은 측정량 관리 중심의 ESG 경영과 실제 탄소 배출량 절감이라는 목표 사이의 차이를 명확히 보여준다. 지난 2023년 하반기 출시된 애플워치 시리즈 9에는 "애플 최초의 탄소중립 제품"이라는 광고 문구가 붙었다. 한편 BEUC유럽소비자단체연합는 자체 조사를 통해, 애플이 제품 하나 당 7~12kg 가량의 탄소 배출권을 구매하여 실제 생산 및 운송 과정에서 배출한 온실가스를 상쇄했다고 밝혔다. 이처럼 탄소 배출권 구매로 실제 배출한 탄소량을 상쇄한 후 목표치를 달성했다고 주장하는 것은 그린워싱으로 간주될 수 있다. 한편 애플은 애플워치 제조 과정의 탄소중립이 배출권 구매를 통해 이루어진 것이 아니며, 자사에서 진행하는 '숲 복원'과 같은 기후 복구 프로젝트에서 발생한 배출권을 사용하고 있다고 입장을 밝혔다.

이에 EU 당국은 배출권 구매 사실을 명시할 것을 애플에 요구했다. 해당 사건에서 기업이 배출권 상쇄를 명확히 표시하지 않는다면 경고 조치를 취하겠다는 입장을 밝힌 EU는 오는 2026년부터 배출권 구매를 기반으로 한 탄소 중립 마케팅을 금지할 계획이다.

한편 애플이 탄소 배출권을 구매한 방식 자체는 법적으로 문제가 없다. 실제로 배출권 구매는 탄소 중립을 달성하는 합법적인 방식으로 인정받고 있으며, EU의 규제 또한 이를 허용하고 있다. 그러나 이 관점에서 중요한 점은, 탄소 중립을 홍보하는 과정에서 실제 배출 감축과 배출권 구매를 통해 달성한 중립을 명확히 구분해야 한다는 것이다. 즉, 배출권을 구매하여 달성한 중립을 마치 직접적인 감축처럼 오해하게 만들어서는 안 된다는 것이 핵심이다.

ESG 경영은 기업의 지속 가능성을 관리하는 하나의 체계로서 중요한 역할을 하지만, 이를 통해 직접적인 탄소 배출 감소를 이루려면 기술과 정책의 변화가 병행되어야 한다. 탄소 배출권 구매는 탄소 중립을 달성하는 합법적인 방식이지만 이는 실질적인 감축과는 명확히 구분해야 하며, 기업이 이를 투명하게 공시하는 것이 무엇보다 중요하다. ESG 경영과 기술 혁신은 기후위기 대응에서 서로 보완적인 역할을 수행하고 있다. 실무자들은 각 개념을 명확히 이해하고 적용함으로써 지속 가능한 비즈니스 모델을 만들어 나가야 한다.

ESG는 새로운 경영 원리다

새로운 경영 원리로서의 ESG

　시대가 기업에게 지속 가능한 비즈니스를 요구하여 ESG 경영이 탄생했다. 이처럼 사회에 대한 기업의 책임을 측정 가능한 지표로서 명시하고, 투자 및 정책과 소비자를 비롯한 다양한 분야에서 ESG를 고려하기 시작하면서 기업을 지속 가능한 방식으로 운영하는 것은 사회 전체는 물론 기업 자신에게도 필수적인 과제가 되었다. 2부에서는 이러한 ESG의 개념을 보다 분명하게 설명하고, 현실에서의 적용 방법을 깊이 있게 탐구해 보고자 한다.

　특히, 이 책에서는 ESG를 새로운 경영원리로 받아들여야 한다는 관점을 채택하고 있다. 지속가능성을 별도의 관심사로 취급하지 않고, 비즈니스 전략의 핵심부에 통합하는 패러다임의 전환을 주장하고자 한다. 기존 시장 중심의 ESG 접근 방식은 필요한 혁신적 변화를 가져오지 못했다. 그 대신, 기업이 실제로는 지속 불가능한 운영을 하면서도 지속가능성이라는 이미지를 투사할 수 있는 틈새를 만들어냈다. 각 기업이 수

익성 그리고 지속 가능한 관행을 일치시키기 위해서는 내부 시스템을 이에 맞추어 재편하는 데에 집중해야 한다.

지금까지의 ESG 투자는 지금까지 환경 피해 영향을 광범위하게 줄이지 못했다. 체계적인 시장 변화보다는 개별 기업의 성과에 초점을 맞춰왔기 때문이다. 지속가능한 경영은 심층적인 구조 개혁이 있을 때에야 진정 가능해진다.

지속가능경영은 지금 당장의 성과를 넘어, 단기적인 목표와 장기적인 비전을 유기적으로 연결하는 데서 출발한다. 앞서 설명한 것과 같이, 기업은 '살기 좋은 지구', '친환경 사회'라는 비전을 설정하고, 이를 실현하기 위한 전략 목표로서 지속가능경영을 채택할 수 있다. 그리고 그 전략 목표를 실행하기 위한 구체적인 과제로 ESG 경영을 설정하여 운영의 모든 영역에 이를 통합해 나가는 것이다. 이처럼 경영전략 체계를 기반으로 지속 가능한 미래를 설계하는 과정은 기업의 비전과 가치를 현실적인 실행으로 연결하는 중요한 역할을 한다. 이처럼 현실에 발을 두고 있으면서도 저 먼 이상을 바라보는 것이야말로 기업가 정신의 본질이다.

🍃 ESG란 무엇인가

우리가 알고 있는 ESG에 대한 기존의 정의는 다음과 같다. ESG는 환경, 사회, 지배구조의 세 가지 요소를 중심으로 기업의 비재무적 요소를 관리하는 기준으로, 기업이 지속 가능한 경영을 통해 사회적 책임을 다하고, 장기적인 성장과 경쟁력을 확보할 수 있도록 돕는 경영 전략이다.

 ESG의 세 가지 요소 : 환경, 사회, 지배구조

- **환경**(Environment) : 기업이 기후변화에 대응하고 자원을 효율적으로 사용하며, 탄소 배출을 줄이기 위한 정책을 통해 환경적 책임을 다하는 것을 의미한다. 이는 기후 위기 대응뿐만 아니라, 기업이 장기적으로 경쟁력을 유지할 수 있는 중요한 기반이 된다.
- **사회**(Social) : 사회적 책임 경영은 인권 보호, 노동 환경 개선, 사회적 약자에 대한 배려 등을 포함한다. 기업이 운영되는 지역사회와의 관계를 개선하고, 기업 내외의 이해관계자와의 상생을 도모함으로써, 사회적 가치를 창출하는 데 초점을 맞춘다.
- **지배구조**(Governance) : 투명하고 책임 있는 경영 구조를 통해 내부 통제를 강화하고, 주주 및 이해관계자에게 신뢰를 제공하는 것을 목표로 한다. 이는 회계 부정이나 도덕적 해이가 발생하지 않도록 하는 제도적 장치를 강화함으로써 기업의 신뢰성을 높이는 요소다.

한편 실무적 차원에서 ESG를 정의한다면, '**기후변화의 영향을 최소화하기 위한, 비재무적 요소에 대한 관리**'라 요약할 수 있다. 이는 ESG

의 핵심 목적이 '환경 보호' 혹은 '사회적 책임'과 같은 단일한 영역을 넘어, 기후변화와 같은 전지구적 위기 상황에서 기업이 지속 가능한 경영을 실현하는 방향으로 운영을 관리하는 데에 있다는 점을 강조한 것이다. 이를 통해 기업은 단순한 경제적 성과를 넘어, 장기적인 지속 가능성과 사회적 책임을 동시에 실현할 수 있게 된다.

농부와 과수원 그리고 ESG

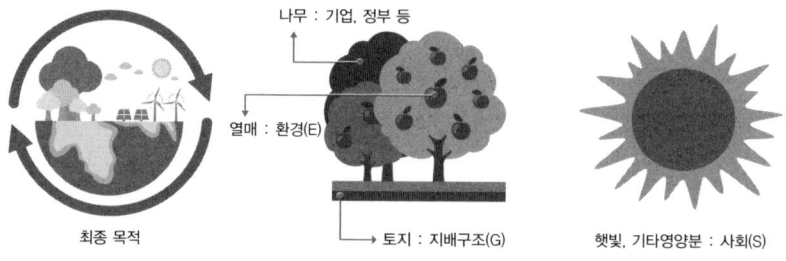

ESG 경영은 기업이 단순한 이익 창출을 넘어, 지속 가능한 성장을 위한 포괄적인 경영 시스템을 구축하는 데 초점을 맞춘다. 쉽게 이러한 시스템을 이해하기 위해서는 나무와 농부의 비유를 들 수 있다.

과수원을 운영하는 농부가 있다고 가정해 보자. 그동안 이 농부는 별다른 생각 없이 아무렇게나 나무를 가꿔 왔다. 그렇게 해도 열매에는 큰 문제가 없었다. 그런데 어느날부터 갑작스러운 변화가 일어난다. 그동안 해온 것과 똑같은 방식으로 농사를 지었을 뿐인데, 열매가 쪼그라들고 맛이 없어져서 시장에 팔 수 없게 된 것이다.

위기에 처한 농부는 고민한다. '어떻게 하면 열매를 더 맛있게 만들 수 있을까?' 그러던 중 무심코 땅을 파 본 농부는 흙이 심각하게 오염되어 있다는 것을 발견한다. 농부는 깜짝 놀라 땅을 가꾸어 보기로 한다. 방치했던 땅의 흙을 갈고 오염을 정화한다. 이렇게 깨끗하고 건강해진 토양에서 나무는 조금 더 튼튼하게 자라나기 시작한다. '이제 열매를 팔 수 있지 않을까?' 하고 농부는 생각했지만, 아직까지는 열매의 시장성이 별로 개선되지 않았는지 아무도 사 가지 않는다.

농부는 다시 고민하다 떠올렸다. '혹시 양분 때문인 건 아닐까? 그동안은 햇빛만 줬는데, 어쩌면 충분하지 않았을 지도 몰라. 영양제도 줘 보고 해야겠어.'하고 말이다. 농부는 나무의 영양을 공부하기 시작한다. 알고 보니, 그동안에도 나무는 충분한 양분을 제공받고 있었지만, 효율적으로 영양제로 만들어 주지 않아서 빠르게 섭취할 수 없던 것이 문제였다. 농부는 영양 성분들을 잘 정리하고 가공해 영양제로 만들어 나무에 준다. 그렇게 양분을 얻은 나무는 더 튼튼하게 자라 더 큰 열매를 생산해내기 시작한다. '이제는 팔리지 않을까' 하고 희망에 찬 농부는 생각했지만, 아직도 사람들은 열매를 사 가지 않았다.

'그러고 보니 열매 색이 별로 맛이 없어 보이는 것 같은데.' 농부는 생각한다. 이제 열매에 약품 처리도 하고, 여러 포장재로 포장을 꾸미기도

해 본다. 드디어 열매가 다시 팔리기 시작한다.

이 농부의 상황은 ESG를 둘러싼 우리의 상황과도 같다. 오랫동안 우리는 지속 가능성에 대한 분명한 철학과 원칙 없이 기업과 정부 등의 기관을 운영해 왔다. 그렇게 해도 환경에는 큰 문제가 발생하지 않았기 때문이다. 그런데 어느 순간부터 우리는 열매가 맛이 없어졌다는 것을, 즉 환경이 오염되었음을 깨닫게 된다. 그래서 지배구조를 개선하면서 토지를 개간한다. 그리고 사회적 책임을 더 신경을 써 가면서, 영양제를 만들어 영양을 주입한다. 사회적 책임에는 안전보건 혹은 인권 같은 항목들이 포함된다. 이는 ESG의 등장 이전에도 다양한 규제 혹은 법령의 형태로 존재해 왔지만, 외부에 공개하기 좋은 형태로 한데 정리되어 있지는 않았다. 이렇게 산발적이었던 영양 성분들을 한데 정리해 영양제를 줌으로써 기업과 정부 같은 기관들을 보다 튼튼하게 만든다. 그 결과로 환경에 끼치는 영향이 개선되어, 열매의 질이 개선된다. 그리고 그 열매를 감싸는 포장지, 즉 환경 친화적인 경영 시스템을 도입하자 마침내 열매가 팔리기 시작한다.

과수원이 건강을 되찾으면 그 주변은 자연스럽게 깨끗해진다. 땅에는 지렁이도 나오고 새들도 다시 나무를 찾아 돌아온다. 공기도 더 좋아지고, 열매를 먹는 사람들의 건강도 개선된다. 다시 말해, 사회 전체가 지속 가능해진다.

당신이 직원이라면 당신이 소속되어 있는 기업이 곧 나무에 해당할 것이고, 대표자라면 운영하는 기업을 나무라고 할 수 있을 것이다. 농부인 우리는 열매를 따서 그것을 팔아야 수익을 얻을 수 있다. 수익을 얻기 위해서는 필연적으로 나무를 가꾸고, 땅을 더 비옥하게 만들고, 양분을 관리해야 한다. 즉 지배구조를 튼튼히 하고, 사회적 책임을 다하며, 환경적 성과를 통해 지속 가능한 열매를 맺는 것이 ESG의 궁극적인 목표다.

ESG 경영의 주요 전환점

2001년 전까지 우리는 재무적 요소만 파악해도, 즉 회계적인 측면에서만 접근해도 충분히 열매를 팔 수 있었다. 그런데 2001년 이후로부터는 상황이 달라졌다. 앞선 농부의 예시에서 갑작스런 변화가 일어난 시점이 곧 2001년이다.

2001년은 ESG 경영의 중요한 전환점 중 하나로 볼 수 있다. 2001년 이전까지 기업들은 주로 재무적 성과에만 집중해 경영 성과를 평가했지만, 그 해 두 개의 사건이 ESG의 필요성을 촉발했다. 엔론Enron과 월드컴WorldCom 사태는 당시 미국 경제의 상징이었던 대기업들이 회계 부정으로 무너진 충격적인 사건이었다. 이 사건으로 인해 수많은 사람들이 일자리를 잃었고, 투자자들은 막대한 손실을 입었다. 이 사건은 투명한 지배구조와 책임 경영이 기업의 필수적인 요소임을 일깨워주었다.

이로 대응해 사베인스-옥슬리법Sarbanes-Oxley Act이 제정되었다. 이 법의 핵심은 내부 감사 제도를 강화하는 것이다. 이 법안은 기업 내부의 회계와 경영 시스템이 얼마나 투명하고 공정하게 운영되는지를 감시하고 관리하는 장치로서 지배구조(G)의 중요성을 강조하는 역할을 했다. 이로써 ESG 경영의 근간이 다져졌고, 기업 경영의 패러다임이 변하기 시작했다.

ESG라는 용어가 공식적으로 등장한 것은 2005년의 일이다. 그리고 이 개념이 널리 퍼지게 된 것은 2019년, 미국 최대 투자운영사인 블랙록의 회장 래리 핑크가 연례 서신에서 ESG를 언급하면서부터였다. 지속 가능한 경영이 기업의 장기적 생존과 성장을 보장할 수 있다는 메시지를 담은 그의 서신에서는 ESG라는 용어가 단지 3번 등장했을 뿐이었지만, 그 영향은 강력했다.

비록 2023년에 들어 래리 핑크가 ESG라는 용어를 사용하지 않겠다고 발표했지만, 그 의미가 사라진 것은 아니다. 오히려 그는 "전환기 투자transition investment"라는 용어를 사용하며 재생에너지와 같은 지속 가능한 분야에 더 집중하겠다는 의지를 보였다. 이는 ESG가 일시적인 경영 트렌드가 아니라, 지속 가능한 경영의 핵심 원리로 자리 잡았음을 보여주는 하나의 시그널이다.

지배구조(G)의 투명성을 강화하고, 환경(E)과 사회(S)에 대한 책임을 기업의 이윤 추구 과정에 통합하는 ESG 경영은 현대 기업이 직면한 가장 중요한 경영 패러다임의 전환이다. 각 기업은 이제 단순히 재무적 성과를 넘어, 책임 있는 경영과 지속 가능한 비즈니스를 실천해야 할 필수적인 과제를 안고 있다.

🌐 ESG와 지속가능성

최근 ESG와 지속가능성이라는 주제가 비즈니스 세계에서 크게 주목받고 있다. 앞서 언급한 바와 같이, 이 두 용어는 상호 연관되어 있으나 그럼에도 서로 구분되는 개념이다.

ESG는 환경, 사회, 그리고 지배구조의 세 가지 요소를 중심으로 기업의 비재무적 성과를 평가하는 기준을 말한다. 이 개념은 주로 투자자들이 기업의 장기적인 성장 가능성을 평가할 때 사용되며, 기업이 사회적 책임을 얼마나 충실히 이행하고 있는지, 지배구조가 얼마나 투명한지를 측정하는 도구로써 활용된다. 이는 기업이 환경 보호에 얼마나 기여하는지, 사회적 책임을 다하고 있는지, 그리고 지배구조가 투명하고 공정하게 운영되고 있는지 등 기업의 지속 가능한 경영 수준을 구체적으로 평가하는 기준으로 자리 잡았다.

한편 **지속가능성**Sustainability은 보다 넓은 개념으로, **기업의 활동이 장기적인 관점에서 환경적, 경제적, 사회적 측면에서 지속 가능해야 한다는 일종의 비즈니스 철학**이다. 여기서 지속 가능성은 단순히 기업의 운영에만 국한되지 않으며, 미래 세대에게까지 긍정적인 영향을 미칠 수 있는 경영 전략을 의미한다. 즉 기업은 물론 그 기업이 소속되어 있는 사회가 보다 오랫동안 지속되어야 한다는 당위에 따른 범용적인 개념이라 이야기할 수 있다. 지속가능성과 ESG는 이렇게 정리할 수 있다. ESG가 투자자와 경영진, 그리고 실무진을 중심으로 사용되는 경영 원리라면, 지속가능성은 기업과 사회 전반에서 지속 가능한 발전을 추구하는 철학적, 실천적 접근을 담고 있다.

ESG와 지속가능경영은 이처럼 분명히 다른 개념이지만 상호 연관된다. ESG는 주로 기업의 장기적 생존과 성장을 위한 가치 평가 프레임워크로 정의되며, 환경(Environmental), 사회(Social), 지배구조(Governance)라는 세 가지 핵심 영역에서 기업의 비재무적 성과를 측정하는 지표들의 집합이다. 이는 주로 투자자들의 관점에서 기업의 지속가능한 가치와 리스크를 평가하는 도구로 활용된다. 반면, 지속가능경영은 더 포괄적인 경영 철학이자 방법론으로, 현재 세대의 필요를 충족시키면서도 미래 세대의 필요를 저해하지 않는 발전을 추구한다. 지속가능경영은 환경보호, 사회적 책임, 경제적 성과의 균형을 맞추는 것을 목표로 하며, ESG보다 광범위한 개념으로, 기업의 전반적인 운영 방식과 의사결정에 영향을 미친다.

즉, ESG는 지속가능경영의 수준을 실현하고 측정하기 위한 구체적인 평가 도구로 볼 수 있다. ESG가 기업의 지속가능성을 평가하는 구체적인 프레임워크라면, 지속가능경영은 이를 포함한 더 큰 철학적, 실천적 개념이라고 할 수 있다.

ESG라는 용어는 장기적으로는 지속가능성이라는 용어로 대체될 것으로 전망된다. 일부는 ESG라는 용어가 정치적 논쟁의 중심에 서게 되면서 그 의미가 점점 왜곡되고 있기 때문이다. 특히 앞선 1장에서 이야기한 것처럼 미국의 정치적 논쟁에서 ESG라는 단어가 두드러지게 사용되었다. ESG라는 용어가 정치적으로 무기화되었다는 지적이 나오기 시작했다. 기업의 사회적 책임을 강조하는 ESG가 특정 정치 세력에 의해 왜곡되거나 과도하게 해석되며 그 본래 목적을 잃어가는 상황이 발생한 것이다. 이로 인해 글로벌 자산 운영사사와 주요 경영진들은 ESG라는 용어의 사용을 줄이고, 그 대신 지속가능성이라는 용어를 사용하여 보다 폭넓고 중립적인 접근을 추구하려는 경향을 보이고 있다.

한편, ESG라는 용어의 퇴장은 그 개념 자체의 소멸을 의미하지 않는다. 오히려 지속가능경영이라는 용어 안에서 ESG의 핵심 가치들은 더욱 확장되고 강화될 것이다. 장기적으로 지속가능성은 기업의 경영 전략뿐만 아니라 우리 사회 전체의 기준이자 방향으로 확장될 것이다. 이 사회는 정부의 정책, 개인의 생활방식, 기업의 지속가능경영, 그리고 글로벌 협력체제까지를 모두 아울러 전 세계가 지속 가능한 발전을 위해 함께 나아가는 방향으로 진화할 것이다.

ESG라는 용어가 일종의 기준으로서 다소 제한적인 의미를 가졌다면, 지속 가능성은 기업의 전반적인 경영 전략에 녹아들어, 장기적 생존과 성장을 위한 필수적 가치로 자리잡을 것이다. 지속가능성은 기업의 생존 전략으로서 필수적일 뿐만 아니라, 미래 세대를 위해 반드시 지켜야 할 책임이기도 하다. 환경 보호, 사회적 책임, 지배구조 투명성 등을 통해 기업은 단순히 이익을 넘어서 더 나은 미래를 만드는 주체로서 기능하게 될 것이다.

ESG라는 용어는 점점 사라질지 몰라도, 그 핵심 가치인 지속가능성은 앞으로도 기업 경영의 중요한 지침으로 녹아들 것이다. ESG라는 틀 안에서 사고하고 행위하는 것을 넘어서, 미래의 비즈니스 계획을 수립하고 현재의 구조를 재편함에 있어 지속가능경영을 근본 원리로 삼는 비즈니스들이 증가할 것이다. 실제로 주요 기업들에서 '지속가능경영'을 차세대 비즈니스 원칙으로 삼는 등의 변화 추세를 우리는 지금도 주변에서 쉽게 관찰할 수 있다. 이와 같은 경영전략 체계를 예시 형태로 설명하자면, '살기 좋은 지구' 혹은 '친환경 사회'라는 장기적 비전을 가지고, 이 비전에 대해 '지속가능경영'이라는 전략 목표를 설정하여, 'ESG 경영'이라는 전략 과제(실행 과제)를 수행하는 것이다. 단순화된 설명이지만 각각의 용어가 갖는 공통점 그리고 위계의 차이를 명료하게 알 수 있는 예시다.

이 책에서는 ESG를 정량적인 기준 및 제도와 규범을 일컫는 용어로 사용하였으며, 지속가능경영 혹은 지속가능성은 장기적으로 비즈니스가 향할 특정한 방향성 및 경영 철학을 다루는 용어로 사용하였다. 한편, ESG와 지속가능성은 기업이 장기적인 생존과 사회적 책임을 모두 고려해야 한다는 원칙을 공유하고 있다. 때문에 일부 뜻이 서로 통하는 부분에서는 두 용어를 구별 없이 사용했다.

ESG라는 용어가 사라진다 해도, 지속가능성이라는 더 폭넓은 개념 안에서 그 핵심 가치는 더욱 강화될 것이 분명하다. 이들 개념은 미래 경영의 필수적인 부분으로 자리잡을 것이다. 지금 비즈니스에서 지속 가능성과 ESG를 새로운 경영 원리로 받아들일 준비가 필요한 이유다.

ESG 생태계의
이해

　ESG의 등장은 단순한 윤리적 요구나 사회적 책임을 넘어, 신용평가사와 투자 운영사 같은 주요 이해관계자들의 재무적 이해관계가 깊이 개입된 결과였다. 과거에는 기업의 재무 성과만을 기준으로 투자 결정을 내리던 투자자들이, 2000년대 초반의 엔론 사태와 월드컴 사태 같은 대규모 회계 부정 사건을 계기로 비재무적 요소를 평가할 필요성을 절감하게 되었다. 이러한 사건들은 본질적으로는 회계 부정에서 비롯되었으나, 그 방지를 위해서는 지배구조의 취약성을 극복하는 것이 필수적이었다. 이에 따라 ESG는 비재무적 리스크를 관리하고 투자 성과를 보호하기 위한 새로운 기준으로 자리 잡기 시작했다.

　한편, 신용평가사와 투자 운영사들은 그 과정에서 ESG 평가를 적극적으로 도입하고 확산시키는 주체로 기능했다. 특히 신용평가사들은 기존의 재무 평가에서 벗어나 비재무적 요소를 평가하는 새로운 수익 모델을 구축했다. 투자 운영사들은 더 이상 재무성과만으로 투자 결정을 내릴 수 없게 되었고, 기업의 장기적 지속 가능성을 보장하기 위해 ESG 평가 결과를 신용평가사의 새로운 기준으로 요구하게 되었다. 이는 투자 운영사와 신용평가사 모두에게 새로운 수익 기회를 제공함으로써, ESG가 빠르게 확산되는 중요한 촉매 역할을 했다. 결과적으로 ESG는 자본 시장에서 투자자와 평가 기관의 이익을 극대화하기 위한 수단으로 활용되고 있다.

이 장에서는 이러한 재무적 동기가 어떻게 ESG의 발전을 촉진했는지를 구체적으로 설명한다. 신용평가사와 투자 운영사를 비롯한 이해관계자들이 이익 극대화를 위해 ESG 평가를 도입하게 된 과정과, 이러한 역학관계가 기업들에 미친 현실적 영향을 살펴본다. 여기서는 이론적 논의보다는 현실적인 금융 시장의 흐름에 대한 이야기를 다룰 것이다.

🌿 ESG 생태계의 주요 구성원

ESG 생태계는 여러 이해관계자들이 유기적으로 연결된 복합적인 구조로, 각 주체는 ESG 경영의 성공과 지속 가능성에 중요한 역할을 한다. 이들 이해관계자들은 ESG가 비재무적 리스크와 투자 성과를 관리하는 데 필수적인 요소가 됨에 따라 각자의 이익과 책임을 중심으로 ESG 평가와 경영 전략에 깊이 관여한다. ESG 생태계의 주요 구성원으로는 기업, 투자자, 정부, 협력사, 신용평가사, 투자 운영사 등이 있다.

ESG 생태계를 현실적으로 이해하는 것은 실무자들이 각 이해관계자들과 어떻게 협력하고 대응해야 할지를 명확히 파악하는 데 필수적이다. 생태계를 올바르게 이해할 때 실무자들은 비로소 기업 내부뿐만 아니라 투자자, 정부, 협력사, 신용평가사, 투자 운영사 등 다양한 주체들과의 관계 속에서 경영 목표를 효과적으로 달성하고 실질적인 성과를 이끌어 낼 수 있을 것이다.

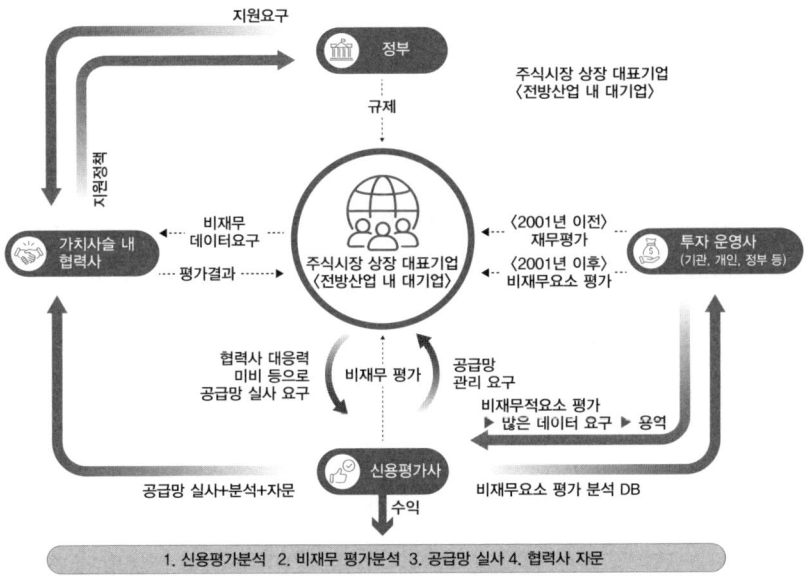

기업

ESG 생태계의 중심에는 주식시장에 상장된 대기업이 자리한다. 기업은 과거 재무적 성과로 평가되던 시기에서 벗어나, 2001년 이후 비재무적 요소, 즉 ESG 성과를 평가받는 구조로 전환되었다. 이러한 변화는 단순히 사회적 책임을 이행하는 수준을 넘어, 기업이 자본 시장에서 생존하고 투자자들의 신뢰를 얻기 위한 필수적인 경영 전략으로 ESG가 자리매김토록 했다. 기업은 신용평가사와 투자 운영사의 ESG 평가 결과에 따라 투자 유치와 장기적인 경쟁력을 확보한다.

신용평가사

신용평가사는 ESG 생태계에서 기업의 비재무적 요소를 평가하는 중요한 역할을 맡고 있다. 이들의 비재무 평가 결과는 투자자들에게 신뢰할 수 있는 정보를 제공하며, 기업의 지속 가능성과 장기적인 위험을 평가하는 데에 있어 중요한 역할을 한다. 특히, 신용평가사는 기업의 공급망 실사까지 담당하면서, 기업이 환경적 책임과 사회적 요구를 충족하는지를 전범위로 평가한다. 이러한 평가는 기업의 장기적 신용도와 투자 유치에 중요한 영향을 미친다. 즉 대기업 뿐만 아니라 그 공급망에 속한 협력사들의 ESG 대응력마저도 평가 대상이 되는 것이다. 협력사들은 대응력이 미비하거나 ESG 기준을 충족하지 못하면 공급망에서 배제될 수 있는 위험에 처하게 된다.

🍃 투자 운영사

투자 운영사는 신용평가사의 ESG 평가 결과를 바탕으로 자본 배분과 포트폴리오 관리를 수행한다. 과거에는 재무적 성과만으로 투자 결정을 내렸지만, 이제는 비재무적 요소 또한 투자에 있어 주요한 요소로 작용한다. 투자 운영사는 ESG 성과가 뛰어난 기업에 더 많은 자본을 투자하고, 리스크 관리의 중요한 기준으로 ESG 평가 결과를 활용한다. 이는 ESG를 충족하지 못하는 기업들이 투자 유치에서 배제될 위험을 증가시키며, ESG 경영이 필수적인 생존 전략이 되도록 만들었다.

비재무적 요소를 평가하기 위해서는 새로운 체계를 만들어야 하는 만큼, 투자 운영사는 이러한 역할을 신용평가사에 위임하여 용역을 맡겼다. 또한 투자 운영사는 이러한 과정을 통해 신용평가사가 축적하게 된 비재무요소 평가 데이터베이스를 구매하여 투자에 적용하고 있다.

🍃 정부

정부는 ESG 생태계에서 규제와 지원을 통해 기업들이 ESG 경영을 실천하도록 유도하는 역할을 한다. 제도적 틀을 마련하고, 기업들이 ESG 경영을 성공적으로 도입할 수 있도록 정책적 인센티브를 제공한다. 정부의 규제는 대기업뿐만 아니라 공급망에 속한 협력사를 포함한 모든 기업에 적용된다.

또한 가치 사슬 내 협력사의 경우 규모가 작아 공급망 실사에 주도적으로 대응하기 어려운 경우가 많다. 정부는 이러한 중소기업에게 정책을 통해 다양한 형태의 지원을 제공한다.

협력사

대기업의 협력사들은 공급망에 있어 중요한 역할을 한다. 기업은 공급망 관리 차원에서 협력사들의 ESG 대응력을 요구하며, 협력사들은 이를 충족하지 못할 경우 거래 관계에서 불이익을 받을 수 있다. 협력사들은 경쟁력을 유지하고 거래 관계를 지속하기 위해 자체적으로 ESG 역량을 강화하고, 대기업의 요구에 맞춰 지속 가능한 경영을 실천해야 하는 과제를 안고 있다.

형성 배경

ESG의 등장은 필연적인 시대적 흐름이었다. ESG가 부상한 이유는 사회와 경제 전반에 걸친 변화를 반영한 필요성이자, 그 목표 역시 이러한 필요에 부응하는 데 있다. 그러나 주목할 점은 ESG의 확산을 주도한 주요 세력이 금융시장에서 수익을 극대화하고자 한 신용평가사와 투자 운영사사들이라는 점이다.

2001년은 기업 평가 방식의 대전환점이 된 해였다. 그 이전까지 기업은 오로지 재무적 성과를 중심으로 평가받았다. 수익성, 자산, 부채 등 재무제표를 기준으로 기업의 가치를 판단하고 투자 결정을 내리는 것이 일반적이었다. 그러나 회계 부정 사건, 대표적으로 엔론과 월드컴 사태가 발생하며, 기존 평가 방식의 한계가 드러났다. 이러한 사건들은 단기적인 재무 성과만으로는 기업의 장기적인 리스크를 정확히 반영하지 못한다는 문제를 일깨워 주었다. 또한 기존의 재무 중심적 평가로는 더 이상 투자자들이 기대하는 시세차익을 달성하기 어려워지며, 새로운 평가 방식의 필요성이 부각되었다.

이에 따라 2001년 이후 비재무적 요소를 도입한 평가 방식이 주목받기 시작했다. 기업의 환경적 책임, 사회적 기여, 지배구조의 투명성을 평가해 장기적 리스크를 줄이고 지속 가능한 성장을 도모하려는 접근이었다. 신용평가사들은 기존 재무적 평가 인프라를 활용해 비재무적 평가 체계를 구축하며 차별화된 평가를 제공하고자 했다.

한편, 투자 운영사들은 다양한 기업에 대한 투자 결정을 내릴 때 재무적 성과뿐만 아니라 비재무적 성과도 함께 평가해야 한다는 점을 인식했지만, 실제로 모든 기업의 ESG 성과를 독자적으로 평가하기에는 한계가 있었다. 비재무적 요소는 복잡할뿐더러, 이를 측정하는 기준도 정교하게 마련되어 있지 않았기 때문이다. ESG 평가에는 환경적 성과, 사회적 책임, 지배구조의 투명성 등 다양한 비재무적 요소들이 포함되어 있었기에, 이는 기존의 재무 평가보다 더 복잡하고 포괄적인 평가 시스템을 필요로 했다. 투자 운영사는 이러한 복잡성을 자체적으로 감당하기 어렵다고 느껴, 비재무적 리스크 평가와 검증을 신용평가사에게 맡기기 시작했다. 다시 말해, 투자 운영사들이 "우리가 모든 ESG 리스크를 직접 평가하기는 어려우니, 기존에 기업을 평가하던 시스템이 존재하는 너희가 대신 이를 검증해 달라"는 요청을 하면서 ESG 평가의 검증 개념이 본격적으로 도입된 것이다.

신용평가사들은 이미 재무적 리스크를 평가하는 데이터와 인프라를 갖추고 있었기 때문에, 이를 기반으로 비재무적 요소까지 평가하는 시스템을 확립할 수 있었다. ESG는 재무적 평가와는 달리 장기적인 리스크 관리와 기업의 지속 가능성을 중점적으로 다루며, 이를 위해서는 평가 기관의 독자적인 검증 체계가 필요했다. 이로 인해 신용평가사들은 ESG 평가를 검증된 데이터로 제공하는 새로운 역할을 맡게 되었고, 투자 운영사들은 이 평가 결과를 바탕으로 투자 결정을 보다 체계적으로 내릴 수 있었다.

결과적으로 투자 운영사들은 ESG 평가의 검증을 신용평가사에 의존하게 되었으며, 이를 통해 신뢰할 수 있는 정보를 확보할 수 있었다. 신용평가사들이 제공하는 검증된 ESG 데이터는 투자 운영사들이 기업의 장기적 리스크를 보다 정교하게 관리할 수 있도록 도와주었고, 이 과정에서 신용평가사의 역할은 단순한 재무적 평가를 넘어 비재무적 리스크 평가의 영역까지 확장되었다.

ESG 평가와 공시는 단순히 기업 내부에 그치는 것이 아니라, 투자자, 정부, 협력사, 그리고 신용평가사가 함께 만들어가는 생태계 속에서 중요한 기능을 수행하게 되었다. 이렇게 형성된 새로운 시장은 처음에는 원활히 운영되었다. 투자 이익이 다시 증가한 것이다. 초기 ESG 평가는 대기업 한 곳으로 대부분 집중되어 있었으나, 시간이 흐르면서 대상 기업들의 평가 결과가 상향 평준화되기 시작했다. 이에 따라 투자 운영사들의 수익이 감소했고, 신용 평가사에서는 새로운 평가 원칙을 고민하게 된다. 그렇게 Scope 3 개념이 평가 과정에 포함되었다. 대기업의 기술적 발전을 통해 탄소를 절감하는 등의 직접적인 변화는 Scope 1과 2 과정에 포함되며, Scope 3에는 협력사에서 배출한 내역이 포함된다.

이 과정에서 Scope 3의 개념이 주목받기 시작했는데, 이는 기업 자체의 직간접적 배출을 넘어 가치사슬 전반에 걸친 이해관계자의 배출 책임을 포함하는 방식이다. 즉 이는 기업 외부의 간접 배출까지도 포함하는 포괄적 접근으로, 공급망 관리로 확장되는 움직임이다. 이러한 접근은 기업들이 단순한 자체 경영에 그치지 않고 공급망 전반에 걸친 ESG 책임을 강화하도록 유도했다.

이렇게 공급망 관리의 개념이 ESG 생태계 속으로 포함되었다. 한편, 대기업들에게 있어 직접 공급망 관리를 진행하는 것에는 분명한 한계가 있었다. 협력사들은 대부분 이러한 평가에 대응할 기반이 갖추어지지 않은 상태로, 대기업들의 요구를 따라오기 어려운 상태였다. 대기업에서 직접 협력사들을 평가하기에는 너무 많은 투자가 새로이 요구되었다. 이에 대기업들은 신용평가사에 협력사 실사를 위탁하며 평가 부담을 덜고 공급망 관리의 효율성을 높이고자 했다. 이렇게 공급망 관리는 공급망 실사가 된 것이다.

공급망 관리와 **공급망 실사**는 명확히 다른 개념이다. 공급망 관리는 대기업이 주체가 되어 협력사의 운영과 성과를 관리하는 것을 의미하며, 관리 미흡에 대한 책임은 대기업에 있다. 반면 공급망 실사는 신용평가사가 협력사를 평가하여 그 성과를 검증하는 과정으로, 협력사가 기준에 미달할 경우 해당 협력사에 문제가 발생한다. 예를 들어, 신용평가사로부터 60점 이상을 받아야 하는 실사 기준을 충족하지 못한 협력사는 거래에서 배제될 수 있으며, 이는 대기업의 평가뿐 아니라 협력사의 생존에도 직결되는 문제다. 이처럼 공급망 관리에서 공급망 실사로 시스템이 전환되면서 평가에 대한 책임은 대기업에서 협력사로 넘어가게 되었다.

ESG 평가와 공급망 실사의 발전은 단순 개별 기업의 성과 개선을 넘어서, 기업 간 협력과 시장의 생태계 전반을 변화시키는 중요한 동력이 되었다. 이렇게 새로운 평가 체제가 도입되면서, 신용평가사들은 기존의 신용평가분석에 더해 비재무적 요소에 대한 평가분석, 공급망 실사, 그리고 협력사 자문에 이르는 새로운 먹거리를 찾아낼 수 있었다. 다시 말해, 새로운 시장이 형성된 것이다.

🍃 시사점과 실무 과제

실무자의 입장에서 ESG는 단순한 규제 준수나 사회적 책임을 이행하는 당위의 문제를 떠나, 기업의 생존과 투자 유치에 직결되는 필수 경영 전략이다. 특히 공급망 실사가 도입되면서, 대기업의 ESG 담당자는 기업 내부의 성과뿐만 아니라 협력사들의 ESG 대응력까지 관리해야 하는 새로운 과제에 직면하게 되었다. 협력사가 ESG 기준을 충족하지 못할 경우 대기업 역시 리스크에 노출될 수 있기 때문에 협력사와의 긴밀한 협력과 관리가 필수적이다.

중소기업의 ESG 담당자들은 제한된 자원을 효율적으로 활용해 ESG 목표를 실천하고, 이를 경영 전략과 마케팅에 통합하는 방향으로 접근해야 한다. ESG 경영은 단순한 비용이나 규제가 아니라 새로운 기회와 성장을 위한 발판이 될 수 있음을 인식하는 것이 특히 중요하다.

특히 대기업들이 공급망 실사를 강화하면서, 협력사들의 ESG 대응력은 이들과의 거래 지속 여부와 직결된 문제가 되었다. 그러나 중소기업은 제한된 자원과 인력으로 인해 효율적인 ESG 전략 수립과 대응이 어려운 상황인 만큼, 도입 과정에서 ESG를 단순한 규제 대응이 아닌 경영 혁신과 성장 기회로 삼겠다는 관점이 중요하다. ESG의 원리와 원칙만 잘 이해하고 있다면 적은 투자로 더 많은 성과를 얻어낼 수 있는 방법이 항상 존재하기 때문이다.

중소기업들은 단순한 성과 보고서 작성에 그치지 않고, 구체적이고 실질적인 데이터와 관리 체계를 기반으로 ESG에 접근해야 한다. 대기업과의 거래에서 ESG 평가가 반복적이고 엄격하게 이루어질 가능성이 높아지면서, 중소기업들이 자체적으로 내부 경영 시스템을 조정해야 할 필요가 높아졌다. 특히 관리 체계 설정은 탄소 배출량을 줄이는 데에 있어 핵심적인 요소다. 이를 통해 배출량 산정의 정확성을 높이고 리스크 관리의 기반을 마련할 수 있기 때문이다.

대기업과 정부의 지원 및 협력을 적극 활용하는 것도 좋은 전략이다. 예를 들어 정부가 마련한 탄소 배출량 검증 및 모니터링 체계를 활용하면 ESG 도입 초기 비용을 효과적으로 절감할 수 있다. 실제로 중소기업진흥공단의 공급망 실사 지원사업이나 동반성장위원회의 다양한 지원 정책과 같은 정부 차원의 제도를 이용하면, 기업 혼자서는 감당하기 어려운 투자 부담을 덜 수 있다. 나아가 재생에너지 전환과 같은 ESG 이니셔티브를 마케팅 전략과 연결하면, 단순한 비용 절감 차원을 넘어 새로운 시장 창출과 경쟁력 확보의 기회로 활용할 수 있다. 예를 들어 이

케아IKEA는 지속 가능한 디자인과 친환경 소재 사용을 핵심 마케팅 메시지로 활용하여 소비자에게 긍정적인 브랜드 이미지를 심어 주었으며, H&M은 'Conscious Collection'이라는 친환경 제품 라인을 통해 윤리적 소비를 강조하는 마케팅을 펼쳤다. 스타벅스 또한 '지속 가능한 커피' 캠페인을 통해 환경 보호와 윤리적 생산을 적극적으로 홍보하며 소비자의 충성도를 높이고 있다. 이러한 사례들은 ESG 이니셔티브가 기업의 브랜드 가치를 높이고 고객과의 공감을 강화하는 효과적인 마케팅 수단임을 잘 보여 준다.

이와 같은 방식으로 ESG 생태계를 이해하는 것은 담당자가 자신의 기업이 현재 어떠한 상황에 처해 있으며, 어떤 기관을 고려해 어떠한 형태로 업무를 처리해야 하는지를 분명히 알기 위한 첫 번째 단계다. 즉 생태계 속에서 우리 기업이 어디에 속해 있으며 어떤 기관과 어떠한 관계를 맺고 있는지 등 본인이 처한 상황을 정확하게 이해하고, 이를 바탕으로 당면 과제와 목표를 분명히 설정해야 한다.

🌿 에코바디스EcoVadis 평가 실무

ESG 공시와 실사의 중요성이 커짐에 따라, 최근 글로벌 기업들은 단순한 공급망 '관리'를 넘어 공급망 '실사' 체계로의 전환을 요구하고 있다. 이 과정에서 가장 널리 활용되는 플랫폼 중 하나가 바로 에코바디스이다. 에코바디스는 협력업체의 ESG 수준을 평가하기 위한 도구로, 실무 현장에서는 협력사 등록 또는 유지 조건으로 요구되기도 한다. 즉, 많은 기업들이 에코바디스의 평가 기준에 따라 실질적인 공시 자료를 준비하고, 내부 전략을 정비할 필요가 생긴 것이다.

실제로 에코바디스를 비롯한 CDP, DJSI 등의 주요 ESG 평가 체계에서는 환경(E)과 사회(S)에 대한 항목에 앞서 지배구조(G)와 관련된 내용을 먼저 묻는다. 이는 단순히 항목의 순서 문제가 아니라, ESG의 핵심이 경영 전략과 관리 체계의 존재 여부에 있음을 반영한다. 구체적으로 이들은 다음과 같은 질문을 중심으로 평가를 진행한다.

- ESG 경영과 관련한 전사 차원의 전략이 존재하는가?
- 이를 실현하기 위한 공식적인 정책과 문서화된 체계가 마련되어 있는가?
- 각 이슈를 관리·추적할 수 있는 내부 운영 체계가 구축되어 있는가?
- 이사회 또는 그 산하 위원회가 ESG 주요 이슈에 대해 논의하고 있는가?
- ESG 공시나 보고서를 전담하는 실무 인력이 존재하며 책임을 지고 있는가?

이처럼 에코바디스 등에서는 ESG 각 영역에 대한 개별 항목을 확인하기 이전에 우선적으로 경영 전략#정책#관리체계#담당자의 존재 여부를 점검한다. 여기서 우리는 ESG의 환경과 사회 부문 또한 지배구조를 통해 체계적으로 실행되어야만 신뢰성을 얻을 수 있다는 전제를 깔고 있음을 알 수 있다. 다시 말해, 지배구조는 ESG의 기반이며, 환경과 사회는 이러한 지배구조 위에서 작동하는 구조를 이루고 있다고 볼 수 있다.

한편, 일부 중소기업에서는 "우리 회사는 규모가 작기 때문에 경영 전략이나 정책 수립이 어렵다"고 말하기도 한다. 그러나 전략과 정책이란 반드시 거창한 문서일 필요가 없으며, 경영진이 가진 방향성과 의지를 외부에 명확히 공유하고, 이해관계자와 함께 갈 수 있도록 하는 선언이기도 하다. 실제로 ESG 실사 과정에서는 "이 회사가 어떤 관점에서 경영을 하고 있으며, 이를 어떻게 공시하고 관리하고 있는가"가 평가의 핵심이 된다. 이는 결국 기업의 정체성과 책임 있는 경영 태도를 나타내는 것이며, 비즈니스의 신뢰성을 형성하는 중요한 요소이다.

쉽게 말해, ESG 전략과 정책 수립은 우리가 연초에 새해 다짐(비전)을 세우고, 목표(전략목표)를 설정한 후 이를 위한 실행 계획을 세우는 과정과 같다. 이처럼 익숙한 방식으로 접근하면, 중소기업 역시 부담 없이 ESG 공시 기반을 마련할 수 있다.

에코바디스 평가 대응을 위한 근거자료

구분	대항목	소항목	세부내용	실행/예시	추가 제언
증빙 서류	필수 요건	회사 식별	회사명/로고 포함 필수	웹주소, 이메일, 도메인으로 대체 가능 (엑셀 및 캡쳐 등일 경우)	증빙 자료는 페이지 번호 기재, 코멘트 작성 가능 - PDF상 쪽과 페이지 번호 확인 필수
	유효 기간	정책/활동 문서	발행 후 8년	–	선택형 옵션에는 최소 1개의 문서 증빙 필수. 단, 서술형은 제외
		KPI 보고서	최근 2년 이내	–	일반 문서는 설문 제출일로부터 1개월 이내 (최대 3개월 이내)
		외부 감사 보고서	2년 이내	–	–
		인증서	명시된 만료일까지	만료일 없을 경우 3년	–
	문서 요건	파일 형식	PDF 권장	Word, Excel, PPT, 이미지 허용	한글(hwp) 파일 X, 이미지의 경우 영문만 가능. 한글은 불가 - 한글 자료인 경우 영문 요약 제공 추천
		용량 제한	30MB 이하	초과 시 압축 가능하나 지양	파일명은 문항 제목으로 작성. 과한 근거 자료 지양
		보안 제한	비밀번호 설정 불가	암호화된 문서 불인정	개별 파일로 업로드 추천 - 압축파일(zip), 임의로 하나의 파일로 제출도 지양
인정 문서	보고서 형태	지속가능성 보고서	연간 성과, 목표, KPI 포함	ESG 보고서, 통합보고서	CDP 보고서도 가능
		외부 감사 보고서	공인된 제3자 감사 결과	SMETA, BSCI, WCA 등	
	인증 형태	경영시스템 인증	국제 표준 인증	ISO 14001, 45001, 37001	공신력 있는 기관의 인증/수상도 가능
	정책 형태	내부 정책문서	가치와 목표 명시	윤리강령, 환경방침 (정량목표 포함)	앞에서 설명한 문서화 필요 (p.215)
	실행 형태	운영증빙	실행 기록/자료	절차서, 교육자료, 설치기록	내부 교육자료 등 슬라이드 (표지, 목차, 마지막 장만 첨부 가능) → 기업내 관리 시트

구분	대항목	소항목	세부내용	실행/예시	추가 제언
불인정 문서	법적 문서	인허가 서류	단순 법규 준수 문서	정부 발행 허가증/승인서	준법 유무만 확인되며, 지속가능경영 수준 파악 증빙으로 불가
	비공인 인증	비공식 인증서	미인정 기관 발행	비공인 기관의 인증/확인서	자선활동(직원 참여), 품질관리 시스템(ISO9001 등), 재무 정보 등은 불인정 서류 – 자선활동은 일회성 이벤트로 간주하여 반영 미비
	임시 문서	평가용 작성	EcoVadis 대응용	급조된 자체 진술서	기업명 없는 문서, 유효기간 미준수
	허위 문서	위조/표절	사실과 다른 문서	발각 시 즉시 무효 처리	웹링크 문서, 설문지 답변용으로 따로 제작된 문서

🌐 중소기업의 ESG

   ESG는 대기업과 정부가 자본과 규제 흐름에 의해 필연적으로 도입하게 된 개념이다. 반면 중소기업은 대기업처럼 주주 이익이나 사회적 명분에 기반한 외부 압박이 크지 않다. 때문에 대다수의 중소기업 경영자들은 이러한 요구를 '우리와는 상관없는 먼 나라 이야기'로 받아들이기 쉽다. 이는 중소기업에서 ESG를 도입하는 것의 본질을 이해하지 못하고, 단지 대기업 실사 과정에서 높은 점수를 받기 위한 방편으로만 여기는 이유다.

   한편 이러한 수동적인 대처로는 장기적인 생존을 장담할 수 없다. 과거 대기업과 중소기업의 관계는 '**동반성장**'을 강조하며 상호지원과 협력에 초점을 맞췄다. 그러나 '**공급망 ESG**'는 동반성장과는 결이 다르다. 공급망 관리의 목적은 단순한 지원이 아닌 위험Risk 관리에 있다. 대기업들은 자신들의 리스크를 최소화하기 위해 협력사에도 일정 수준의 ESG 기준을 요구하며, 이를 충족하지 못하면 거래를 단절하거나 협력사를 교체한다. 거칠게 말하자면 대기업의 책임 일부가 중소기업에 떠넘겨지는 것이다. 이것이 '상생'의 진짜 의미다. 대기업들은 ESG의 각종 규제와 책임을 협력사로 이전하며, 이를 충족하지 못하는 협력사는 거래에서 배제될 위험에 처하게 된다.

   대기업 공급망 ESG의 관리 방식은 일반적으로 리스크 등급에 따른

평가와 조치로 구분된다. 대기업은 협력사의 ESG 점수를 바탕으로 우선협상 대상자를 선정하고, 일정 기준 미달 시에는 거래를 중단할 가능성까지도 있다. 이러한 공급망 관리는 ESG 점수가 단순 평가를 넘어 협력사의 생존을 좌우하는 요소로 작용한다.

이러한 상황에서, 중소기업이 대기업과의 협력 관계에서 생존하기 위해서는 능동적인 대응이 필요하다. 그로써 '우리는 ESG 관련 활동을 통해 너희의 리스크를 해소해주고 있다'는 메시지를 대기업에 전달할 수 있어야 한다. 이처럼 공급망 관리의 파트너로서 신뢰를 구축하는 방법은 ESG 생태계 속에서 중소기업이 반드시 달성해야 하는 과제이기도 하다.

그렇다면 대기업의 요구에 중소기업은 과연 어떻게 부응할 수 있을까? 어렵더라도 내부 경영 방식을 근본적으로 개선해야 한다. 중요한 것은 대표이사의 의지다. ESG 경영이 거창한 목표를 세우는 것이 아니라, 작은 관리 시스템을 만드는 것부터 시작하는 일임을 인식해야 한다. 처음부터 성과를 내야 한다는 부담을 가질 필요가 없다.

중소기업 경영자들이 ESG를 도입하는 데 있어 흔히 저지르는 실수가 인증에 대한 집착이다. 많은 중소기업들이 이미 ISO14000과 같은 환경 인증을 보유하고 있지만, 정작 이를 적극적으로 활용하지 못하고 있는 것이 현실이다.

지금까지 진행되어 온 ESG 교육이 성과 중심의 접근에 치우쳐 있었던 탓도 크다. 탄소 배출량을 얼마나 줄였는지, 직원 복지와 보상을 얼마나 제공했는지와 같은 정량적 성과 지표에 초점을 맞춘 교육은 중소기업 대표들에게 ESG를 불필요한 비용으로 인식하게 만든다. "결국 또 돈 들어가는 일 아닌가"라는 불만이 나오기 쉽다.

그러나 중소기업에서 ESG의 본질은 새로운 성과를 만드는 게 아니다. 중소기업에 필요한 것은 새로운 ESG 성과 수치가 아니라 변화된 경영환경과 그에 따르는 CEO의 인식 개선, 근로구조 개선 등 관리 체계 측면에서의 변화다. 탄소 중립을 위해 기기를 교체한다거나 LED로 전구를 변경하는 식의 변화가 과연 ESG 운영 시스템 구축과 관계가 있을까? 이러한 방식의 시도는 적어도 중소기업에서는 큰 도움이 되지 않는다. 중소기업에 필요한 것은 새로운 ESG 성과 수치가 아니라 변화된 경영환경과 그에 따르는 CEO의 인식 개선, 근로구조 개선 등 관리 체계 측면에서의 변화다.

물론 대기업들은 ESG 평가에서 일부 성과 지표를 활용하기는 하지만, 그 비중은 20%에 불과하다. 나머지 70~80%는 관리 체계가 얼마나 잘 잡혀 있는지를 기준으로 평가한다. 예를 들어 근로기준법을 준수하고 이를 바탕으로 인력을 제대로 운용하고 있는지를 평가할 때, 이는 수치로 측정할 수 없는 부분이다. 이런 정성적 평가에서는 관리 체계와 기록이 훨씬 더 중요한 역할을 한다. 즉, 관리 시스템이 문서화되고 체계적으로 운영되는지가 핵심이다.

이처럼 기본적인 시스템을 구축하고 이를 문서화하는 작업은 큰 비용이 들지 않는다. 대표이사가 정책을 도입하고 현황을 기록하면서 이를 직원들과 공유하는 과정을 문서화하는 것 정도로도 충분히 시작할 수 있다. 다시 말해 중소기업의 ESG는 새로운 업무를 더하는 게 아니라, 기존에 하던 일을 체계적으로 관리할 수 있는 시스템을 만드는 데에서부터 시작해야 한다. 특히 중소기업에게 있어 ESG가 '새로운 경영원리'로 자리잡아야 하는 이유다.

그렇다면 문서화는 어떻게 진행해야 할까? 문서화는 ESG 경영에서 근거자료를 제시하는 중요한 역할을 한다. 기업이 실제로 어떤 활동을 수행했는지를 판가름할 수 있는 핵심 요소이기 때문이다. 문서화를 체계적으로 하기 위해서는 다음과 같은 기준이 필요하다.

첫째, 회사 로고와 관리번호(문서번호)를 반드시 포함해 기업 공식 문서임을 명확히 하고, 사내 관리 기록을 체계적으로 유지해야 한다. 둘째, 문서에는 담당자에서 CEO까지 연결되는 결재 라인이 명시되어야 하며, 표준 문서화 템플릿을 마련하여 결재 방식을 명확히 해야 한다. 셋째, 문서의 공개 여부와 공개 대상이 포함되어야 하며, 내부 직원들에게 공시할 경우 이를 실행했다는 기안문도 별도로 작성되어야 한다.

이러한 표준 문서화는 사실 ERP 시스템의 기안문을 통해 처리하는 것이 가장 효율적이다. 기업이 사용하는 ERP 시스템 내에 이미 결재 프로세스가 갖추어져 있다면, 별도의 문서화 양식을 만드는 것보다 시스템 내에서 바로 관리하는 것이 좋다. 그러나 ERP 시스템을 이용하지 않는 경우, 엑셀이나 워드 형태의 표준화된 문서화 템플릿을 별도로 마련해 관리할 필요가 있다. 이때도 문서번호, 회사 로고, 결재라인 등 필수 항목을 동일하게 포함해 문서의 일관성과 관리의 효율성을 유지해야 한다.

이러한 문서화 방식은 ESG의 목적에 맞추어 투명성과 신뢰성을 확보하기 위해 필수적인 과정이다. 이를 통해 중소기업은 자사의 ESG 활동을 보다 명확하게 기록함은 물론, 필요 시 신뢰도를 높이는 증거로 활용할 수 있다.

여기서 알 수 있듯 ESG는 특별한 경영 활동이 아니라, 기업들이 이미 수행해오던 일상적인 경영 관리 방식을 표준화하고 체계화한 것이다. 그러나 정부와 대기업은 ESG를 특별한 성과를 내야 하는 프로젝트처럼 설명하며, 중소기업들에게 불필요한 부담을 주는 경우가 많다. 이로 인해 ESG에 대한 중소기업 대표들의 오해와 불안이 쌓이고 있는 현실이다.

중소기업이 ESG를 도입하는 데 있어 중요한 것은 지금 당장 실행 가능한 작은 변화부터 시작하는 것이다. 무엇보다 중요한 것은 CEO가 이 변화의 필요성을 인식하고, 이를 조직 내에 체계적으로 반영하려는 의지다. 성과를 내야 한다는 부담을 버리고, 경영 관리의 일부로 ESG를 받아들이는 것이 중요하다.

ESG는 중소기업이 감당하기 어려운 거대한 과제가 아니다. 결국 작은 변화들이 쌓여 체계화된 경영 관리로 이어지는 것이며, 이것이 바로 중소기업의 ESG가 취해야 하는 방향이다.

ESG 현황과 도입 과제

일각에서는 ESG를 일시적 유행으로 치부한다. 그러나 단언컨대, ESG는 트렌드 혹은 유행으로 그칠 가벼운 개념이 아니다. ESG는 비즈니스 현장에서 필수 전략으로 자리잡고 있다. 강화되고 있는 글로벌 규제는 대기업의 대응을 촉진하고 있다. 이러한 변화에 대기업은 협력 기업들에게로 대응 압박을 전가하고 있다. 중소기업들은 현재 대기업의 요구를 충족하기 위해 ESG 경영을 도입해야만 하는 상황에 직면하고 있다. 이러한 상황에서 정부는 국내 규제를 통해 글로벌 스탠다드에 부합하는 ESG 경영 체계를 구축하려는 노력을 가속화하고 있다. 기업 규모와 별개로 ESG의 도입은 이제 필수사항이 되었다.

투자 측면에서도 마찬가지다. 비재무적 요소들, 즉 재무제표 안에서는 표현되지 못하는 기업의 정성적인 성향이 짙은 요소들 또한 기업의 경영에 큰 영향을 끼친다는 점이 증명되어 온 만큼, 이러한 경영 평가 지표들을 한 번에 모아서 관리하는 ESG는 사라질 수 없는 흐름으로 자리잡을 것이다. 지금이라도 ESG를 제대로 공부하고, 각 기업의 상황에 맞추어 대비할 수 있는 부분을 파악하여 선제적으로 대응해야 하는 이유다.

🍃 전 세계적 변화

ESG를 둘러싼 흐름은 어떻게 변화하고 있을까? ESG가 전 세계적으로 중요해진 이유는 각국이 기후 변화, 사회적 불평등, 윤리적 경영 문제에 적극적으로 대응하기 위해 다양한 규제를 도입했기 때문이다. ESG를 선도하는 EU를 중심으로 강화되는 규제는 향후 모든 산업에 막대한 영향을 미칠 것이다. CSDDD기업 지속가능성 실사지침와 같은 제도가 대표적인 예시다.

CSDDD는 기업이 가치사슬 전반에 걸쳐 인권 및 환경에 대한 실사를 실시하도록 의무화하는 제도로, 기업이 공급망에서 발생하는 인권 침해, 환경 파괴와 같은 문제를 식별하고 이에 대해 적절히 대처하도록 요구한다. 이를 통해 기업의 경영 책임을 단순한 내부 관리에서 벗어나, 전반적인 가치사슬 차원의 윤리적이고 지속 가능한 관리로 확장하고자 하는 것이다. CSDDD 하에서는 기업들이 공급망 내에서의 위험 요인을 선제적으로 파악하고, 이를 해결하기 위한 구체적인 조치를 마련해야 하며, 이를 공시하도록 의무화하고 있다. 즉 협력 기업들 및 글로벌 공급망에 연결된 중소기업들 모두가 이 기준에 맞추기 위해 ESG 체계를 강화해야 하는 상황이다.

　미국과 일본 등 주요 경제권에서도 비재무적 성과 공시 의무화를 강화하고 있다. 대기업들은 글로벌 투자자의 요구에 따라 탄소 배출 및 노동 환경 개선에 적극 나서고 있으며, 주요 평가기관의 지표와 연계해 공급망까지 관리하는 추세다. 이에 따라 협력사와 중소기업도 점차 엄격한 ESG 기준을 준수해야 하는 상황에 놓이게 되었다.

　이런 제도적 변화는 대기업뿐만 아니라 공급망 전반에 영향을 미친다. 앞으로 2차, 3차 협력사까지도 ESG 기준 준수를 요구받을 가능성이 높아진다. 유럽의 주요 대기업과 글로벌 기업들은 이미 협력사 실사에 돌입했으며, 이 같은 변화는 한국 기업에도 동일한 압력으로 작용할 것이다. 대기업과의 거래를 이어가기 위해서는 협력사도 ESG 기준에 부합하는 관리 시스템을 갖춰야 한다. 단순히 제품을 잘 만드는 것만으로는 부족하며, 탄소 배출, 직원 복지, 윤리 경영 등을 전반적으로 관리할 수 있어야 한다.

EU의 탄소국경조정제도와 기업 지속가능성 실사지침

　탄소국경제도CBAM; Carbon Border Adjustment Mechanism는 유럽연합이 기후변화에 대응하기 위해 도입한 강력한 규제 장치로 이를 통해 자국 기업과 외국 기업 간의 공정한 경쟁 환경을 조성하고 국제적으로 기후변화 문제 해결의 책임을 공유하려는 의도를 가지고 있다. CBAM은 철강, 알루미늄, 시멘트, 비료 등 탄소 배출이 많은 산업을 우선 대상으로 하여, 2023년부터 시범 운영이 시작되어 2026년 본격 시행된다. 탄소 배출량이 높은 제품의 수출에는 조정금이 부과되며, 이는 대기업뿐 아니라 공급망 내 협력사와 중소기업까지 탄소 배출 관리 체계를 요구받게 되는 글로벌 압박으로 작용한다.

CBAM의 도입은 여러 가지 중요한 시사점을 남긴다. 첫째, 탄소 가격의 글로벌화가 가속화될 가능성이 크다. 유럽의 탄소 가격이 세계로 확산되면 각국은 탄소 배출을 줄이지 않을 경우 무역에서 불이익을 받게 된다. 이에 따라 EU 외의 국가들도 자국 내 탄소 규제를 강화하거나 CBAM과 유사한 제도를 도입할 가능성이 높아지고 있다. 둘째, 공급망 관리의 중요성이 더욱 커질 전망이다. 대기업들은 CBAM으로 인한 비용 부담을 줄이기 위해 협력사들에게도 탄소 감축 노력을 강하게 요구할 것이다. 이는 중소기업들이 투명하게 탄소 배출량을 측정하고 보고하는 체계를 구축해야 함을 의미하며, 새로운 투자와 경영 시스템 도입이 필요해진다.

CSDDD는 CBAM과 더불어 EU의 ESG 규제 강화 흐름을 대표하는 제도이다. CSDDD는 기업이 가치사슬 전반에 걸쳐 인권, 환경, 윤리적 경영 문제를 식별하고 이에 대한 실사를 의무화하는 것을 목표로 한다. 기업은 공급망 내에서 발생할 수 있는 위험 요인을 파악하고 이를 해결하기 위한 구체적인 조치를 마련하고 이를 투명하게 공시하도록 요구받는다.

이 두 가지 제도는 서로 다른 측면에서 ESG 규제를 강화한다. CSDDD는 기업의 가치사슬 전반에 걸친 인권, 환경, 윤리적 경영 문제를 실사하도록 의무화하는 제도다. 이는 공급망 내에서 발생할 수 있는 위험을 사전에 파악하고 이를 해결하기 위한 조치를 마련하도록 요구하며, ESG 책임의 범위를 기업 내부에서 가치사슬 전체로 확장하고자 하는 목적을 가진다. CBAM이 탄소 배출을 중심으로 수출입 공정의 공정성을 높이고 탄소 가격을 글로벌화하는 데 중점을 둔다면, CSDDD는 환경뿐만 아니라 인권과 윤리적 경영까지 포함한 가치사슬 전반의 지속 가능성을 강화하는 데에 초점을 맞추고 있다. CBAM은 주로 철강, 시멘트 등 탄소 배출이 많은 특정 산업에 우선 적용되지만, CSDDD는 모든 산업의 가치사슬을 대상으로 하여 포괄적인 ESG 요소를 관리하도록 요구한다는 차이 또한 존재한다.

유럽연합의 CBAM과 CSDDD는 글로벌 공급망 관리와 ESG 경영 체계에 중요한 변화 압력을 가하고 있다. CBAM이 주력 수출 산업에 직접적인 영향을 미친다면, CSDDD는 기업의 윤리적 책임과 지속 가능성을 더욱 포괄적으로 요구하는 제도로서 대기업과 협력사 모두에게 장기적인 경영 전략의 변화를 요구하고 있다.

국내 현황과 전망

한국의 ESG 경영은 특히 2020년대에 들어 급격한 변화를 겪고 있다. 동반성장과 기업의 사회적 책임CSR 중심이었던 기존 정책은 공급망 ESG 관리로 전환되었으며, 이는 대기업뿐만 아니라 중소기업에도 중요한 과제로 부각되고 있다. 정책적으로 정부는 탄소중립 목표를 NDC국가 온실가스 감축목표[12]와 연계하여 추진하고 있지만, 기업들이 이에 발맞추는 과정은 여전히 지체되고 있는 상황이다.

한국은 경제적으로는 이미 선진국 반열에 올랐지만 탄소배출권 시장에서는 개발도상국의 지위를 오랫동안 유지해왔다. 파리 협정 이후 이러한 지위가 사라지면서, 한국 기업들도 발 빠르게 대응해야 하는 상황에 놓였지만 아직 대응이 더디다. 현재 대기업은 ESG 이슈에 적극 나서고 있지만, 중소기업의 관심과 준비 수준은 상대적으로 낮은 수준에 머무르고 있는 실정이다.

한편, 현재 국내 대기업의 ESG 대응은 나날이 고도화되는 추세다. 기존에는 단순한 체크리스트 형태의 공급망 관리가 주를 이루었지만, 이제는 리스크 관리 차원에서 협력사의 ESG 수준을 강화하는 방향으로 발전하고 있다.

현대차와 LG전자 등의 대기업들이 주요 협력사에 대한 서면 평가와

---

12) Nationally Determined Contributions

실사를 강화하고 있으며, 평가 미달 시에는 거래 중단까지도 예상되고 있다. 그러나 중소기업들은 여전히 ESG를 미래의 문제로 인식하며 준비를 미루고 있는 경우가 많다. 이는 ESG를 단순한 비용 혹은 새로운 성과를 내야만 하는 것으로 오해하거나 당장의 매출과 직결되지 않는다고 판단하는 것이 주요 원인이다.

SK의 해외 탄소 배출권 프로젝트 사례

SK의 해외 탄소 배출권 프로젝트는 탄소 배출 감축 목표를 국내에서 달성하기 어려울 때 해외에서 이를 상쇄하는 방식이다. 예를 들어, 남미나 동남아시아에서 산림 조성에 투자하거나, 현지 친환경 인프라 프로젝트를 통해 탄소 감축량을 확보하는 것이다. 이런 방식은 국제적으로 인정되는 탄소 상쇄Offset 제도에 기반을 두고 있다.

한국은 그동안 탄소 배출 감축 의무에서 비교적 자유로운 개발도상국 지위를 유지해왔지만, 파리협정 이후 선진국 수준의 탄소 감축 압력을 받고 있다. 이러한 변화는 SK와 같은 대기업이 해외에서 탄소 배출권을 미리 확보해 국내 감축 목표를 보완하려는 이유가 된다.

하지만 SK의 프로젝트는 단순히 대기업 차원의 문제로 끝나지 않는다. 대기업의 탄소 배출량 관리는 공급망 전반에 걸쳐 진행되기 때문이다. 특히 Scope 3는 협력사들이 얼마나 탄소를 줄이고 관리하느냐에 따라 대기업의 ESG 평가에 큰 영향을 미친다.

문제는 이 과정에서 협력사들이 대기업의 해외 프로젝트에 간접적으로 참여하도록 압박을 받을 수 있다는 점이다. 예를 들어, 탄소 감축 실적 보고서를 제출하도록 요구받거나 탄소 배출량을 줄이기 위한 별도의 비용 부담을 떠안을 수 있다. 한편 중소기업 입장에서 탄소 배출권을 구매하거나 해외 프로젝트에 직접 참여하는 것은 현실적으로 어려운 일이다. 정부와 대기업의 체계적인 지원이 절실하다. 또한 중소기업 입장에서는 이러한 ESG로의 전환과 탄소 감축 흐름을 미리 파악하고 선제적으로 대응해야만 생존할 수 있다.

SK의 해외 탄소 배출권 프로젝트는 대기업의 ESG 전략이 어떻게 공급망 전반에 영향을 끼치는지를 명확하게 보여준다. 대기업 협력사에게 언제 칼날이 내려쳐질 지는 누구도 정확히 이야기할 수 없지만, 그리 멀지 않은 미래일 것으로 전망된다.

🍃 중소기업의 시사점

비즈니스 세계에서 ESG의 파도는 생각보다 빠르게 다가오고 있다. 준비된 기업에게는 기회가 되겠지만, 그렇지 않은 기업에게는 위기가 될 것이다. 지금이야 대기업이 협력 관계인 중소기업의 동반성장을 말하고, 각종 컨설팅과 지원을 해주지만 이 또한 끝날 날이 온다. 앞으로는 동반성장이라는 말의 의미 자체가 달라질 것이다.

이런 상황에서 중소기업이 ESG 도입을 미룬다면 공급망에서 배제될 위험이 점차 커진다. 예를 들어, 한 국내 대기업은 1차 협력사에게 엄격한 ESG 평가 기준을 도입했으며, 기준을 충족하지 못하는 협력사를 과감히 교체하겠다는 방침을 세운 바 있다. 또한, 글로벌 ESG 규제 역시 점점 강화되는 추세다. 탄소국경조정제도와 같은 제도가 본격 도입되면 중소기업의 ESG 기준 미준수는 직접적인 무역 장벽으로 작용할 것이다.

특히 수동적으로 반응하는 데에 그쳤던 중소기업에게 있어서는 ESG 경영의 도입이 어려울 수밖에 없다. 대기업이 움직이면, 정부가 움직이면, 경쟁 업체가 움직이면 함께 움직여야 하기 때문이다. 그러나 실제로는 범위가 넓을 뿐 어려운 개념이 절대 아니다. 영역은 방대하나 깊이는 깊지 않다. 이러한 넓은 범위의 요소들을 한데 종합해 생각하는 방식을 체득하면 기업별 맞춤형 ESG 도입 또한 어렵지 않다. 이러한 구체적인 방법론에 관해서는 3부에서 보다 자세히 다룰 것이다.

ESG 경영은 단순히 기업 이미지 개선을 위한 수단이 아니다. 대기업과 국제 사회가 요구하는 필수 요건이며, 대응하지 못하는 기업은 시장에서 도태될 수밖에 없다. 이제는 더 이상 기다릴 시간이 없다. 중소기업들은 지금부터라도 체계적인 계획을 수립해 ESG 도입에 나서야 하며, 이를 통해 기업의 지속 가능성을 확보해야 한다.

모든 새로운 경영 원리와 마찬가지로 ESG 경영 원리는 단번에 완성되지 않는다. 작은 변화부터 시작해 차근차근 경영 체질을 개선하는 과정이 ESG 경영의 도입이다. 처음엔 어렵게 느껴질 수 있지만, 지금 시작하지 않으면 더 큰 위험과 비용이 기다리고 있다.

변화하는 것이 부담스러울 수 있다. 그러나 더 늦기 전에 내부 체질을 개선하는 것만이 유일한 생존 전략이다. 어렵더라도 지금의 노력이 결국 기업의 미래를 결정할 것이다. 해일이 몰려올 때 그저 쓸려갈 것인가, 파도를 타고 서핑을 할 것인가? 당신의 선택에 달려 있다.

🌐 ESG와 글로벌 정책 변화

　세계는 빠르게 변하고 있으며, ESG는 더 이상 개별 기업이나 특정 국가의 문제가 아니다. 기후 위기, 인권 문제, 투명한 기업 거버넌스의 중요성이 강조되는 오늘날, ESG는 전 세계 경제 질서의 핵심 원칙이 되었다. 그러나 ESG를 둘러싼 논의는 결코 단순하지 않다. 국가마다 ESG를 받아들이는 방식이 다르고, 정치적 리더십과 경제 환경에 따라 ESG 정책의 방향도 달라진다. 그 과정에서 ESG는 때때로 규제의 대상이 되기도 하고, 시장에서 차별화된 경쟁 요소로 작용하기도 하며, 한편으로는 정치적 논쟁의 중심에 서기도 한다.

　하지만 ESG를 둘러싼 정치·경제적 환경의 변화는 기업의 대응 방향과 속도를 일시적으로 조정할 수 있어도, ESG라는 거대한 흐름 자체를 바꿀 수는 없다. ESG는 단순한 규제 준수를 넘어 기업의 지속 가능성과 장기적인 경쟁력을 결정하는 핵심 요소로 자리 잡고 있다. 글로벌 공급망이 ESG 원칙을 강하게 요구하면서, 개별 국가의 정책 변화에도 불구하고 ESG의 흐름은 세계적으로 고착화되고 있다. ESG를 둘러싼 논쟁이 치열해질수록, 오히려 ESG가 기업 경영의 필수 요소라는 점이 더욱 분명해지고 있다.

　이러한 흐름을 가장 극적으로 보여주는 사례가 바로 미국이다. 2024년 도널드 트럼프 행정부가 출범하면서, ESG 관련 규제들이 완화될 것이라는 예측이 쏟아졌다. 바이든 행정부 시절 강화되었던 ESG 공시 의무와 지속 가능성 정책이 후퇴하는 것처럼 보였다. 그러나 과연 ESG가 실제로 미국에서 후퇴했는지, 단순한 정치적 수사와 현실 사이에는 어떤 차이가 있는지를 면밀히 들여다볼 필요가 있다.

미국의 ESG 정책 변화

도널드 트럼프 행정부가 출범하면서, ESG 정책에 대한 미국의 전반적인 기조가 변화했다. 바이든 행정부에서 추진했던 지속가능성 및 기후변화 대응 정책들은 상당 부분 축소되거나 중단되었고, 기업들에 대한 ESG 관련 의무 공시 규정도 재검토되기 시작했다. 트럼프 대통령은 취임 초기부터 ESG 공시 의무화 규정의 철회를 지시했으며, 특히 바이든 행정부 말기에 제정된 증권거래위원회SEC의 기후 리스크 관련 강제 공시 규정은 법적 논쟁에 휩싸이며 사실상 중단된 상태다. 또한 노동부 DOL는 연기금과 같은 기관 투자자들이 투자 결정 시 ESG 요소를 고려하도록 허용했던 규정을 폐지하고, '재무적 수익'만을 기준으로 삼도록 강조했다. 이로 인해 기업들은 연방 차원에서 ESG 관련 보고서를 제출하거나 지속가능성 지표를 공개해야 하는 부담이 크게 줄어들었다.

에너지 정책에서도 뚜렷한 변화가 있었다. 트럼프 행정부는 2025년 초 다시 한번 파리기후협약에서 탈퇴했고, 바이든 행정부가 추진했던 탄소중립 목표를 사실상 무효화했다. 인플레이션 감축법IRA의 청정에너지 관련 보조금과 지원금도 상당 부분 축소되거나 폐지될 전망이다. 다만, 이미 많은 재생에너지 투자가 공화당 주에서도 이뤄지고 있기 때문에 전면적인 폐지가 현실적으로 어려워, 정책의 완전한 철회보다는 시행 범위가 축소될 가능성이 높다. 동시에 트럼프 행정부는 '에너지 독립성'을 내세우며 미국 내 석유 및 천연가스 생산 확대를 적극 추진하고 있으며, 북극 보호지역 내 석유 시추 허용, 연방 정부 소유 토지에서의 화석연료 개발 촉진, 그리고 환경 규제 완화가 빠르게 진행 중이다. 전기차 의무화 규정 및 자동차 연비 규제 또한 재검토되며 관련 기업들은 단기적으로 규제 부담이 감소할 것으로 예상된다.

그러나 이러한 정책 변화가 ESG 흐름 자체를 뒤집었다고 보기는 어렵다. ESG는 이미 기업의 가치 창출과 위험 관리의 필수 요소로 자리 잡았으며, 단순한 규제 변화만으로 기업의 전략이 완전히 바뀌지는 않는다. 오히려 ESG를 적극적으로 도입하는 기업들은 트럼프 행정부의 규제 완화가 단기적인 혼선을 초래할 뿐, ESG 경영을 포기할 이유가 되지 않는다고 판단하고 있다.

정책의 변덕성과 무관하게 ESG를 요구하는 가장 강력한 동력은 글로벌 시장과 투자자다. 기업이 장기적인 생존과 성장을 위해 반드시 고려해야 하는 요소가 되었다는 점에서 ESG는 단순한 정부 규제가 아니라, 시장이 만들어낸 비가역적인 변화다. 즉, 연방 정부 차원의 ESG 규제가 완화되었더라도 투자자와 주요 소비자층, 글로벌 무역 규제 환경이 ESG

원칙을 고수하는 한, 기업들은 이를 지속할 수밖에 없다. 실제로 미국 내에서도 캘리포니아, 뉴욕 등 주요 주州 정부는 독자적인 ESG 규제와 공시 기준을 더욱 강화하고 있어, ESG 경영을 포기하는 것은 오히려 위험을 초래하는 선택이 될 가능성이 크다.

글로벌 ESG 정책 변화

미국의 ESG 정책 변화는 글로벌 차원에서도 영향을 미치고 있다. 미국이 파리협약을 다시 떠나고 ESG 관련 국제협력에 소극적인 자세를 보이자, 글로벌 기후변화 대응 협력이 다소 약화된 것은 사실이다. 특히 미국이 국제 기후 재정 지원을 축소하면서 일부 개발도상국들의 기후대응이 어려워졌다. 그러나 이러한 미국의 정책적 변화가 글로벌 ESG 흐름 전체를 멈추게 하지는 않았다.

미국 내에서도 일부 주는 독자적인 ESG 규제와 보고 기준을 도입하고 있다. 대표적으로 캘리포니아와 뉴욕은 탄소 배출 감축 목표를 더욱 강화하고, 기업들에 대한 ESG 공시 의무를 유지하고 있다. 즉, 연방 차원에서 ESG 규제가 완화되더라도, 개별 주 정부나 글로벌 시장에서의 요구가 여전히 ESG 경영을 강하게 추진하는 요소로 작용하고 있다.

국제적으로는 유럽연합, 일본, 영국 등 주요 국가와 지역이 ESG 정책을 지속적으로 강화하고 있으며, 특히 EU는 기업의 ESG 공시 및 지속가능성 보고에 대한 기준을 더욱 엄격히 적용해 왔다. 그 대표적인 사례가 탄소국경조정제도CBAM로, 이는 탄소 배출량이 많은 수입품에 대해 추가 비용을 부과함으로써 글로벌 무역 구조 자체를 ESG 기준에 맞춰 재편하고자 하는 조치다. 또 하나의 핵심 제도인 기업 지속가능성 실사지침CSDDD은 기업이 공급망 전반에서 인권과 환경에 미치는 영향을 평가하고 이를 개선할 의무를 부과하고 있다.

한편, 지난 2025년 2월 26일 EU 집행위원회는 옴니버스법Omnibus Package을 발의하며 이러한 제도의 적용 범위 및 시행 시점을 일부 조정하려는 움직임을 보여 이목을 집중시켰다. 이후 4월 3일, 유럽의회에서는 해당 법안의 주요 내용에 대해 합의가 이루어졌다. 옴니버스법은 ESG 공시 의무 기업의 범위를 조정하여 적용 대상을 임직원 1,000명 이상 기업으로 제한하고, 일부 기업의 첫 공시 시점을 최대 2년까지 유예하는 등의 완화 조치를 담고 있다. 실사 지침 역시 공급망 전반이 아닌 '직접적 사업 파트너' 중심으로 책임 범위를 제한하는 방향으로 조정되었다.

그러나 이러한 변화는 ESG 규제의 후퇴로 단순 해석하기보다, 현재의 경기 불확실성에 대응하는 '속도 조절' 혹은 '적응 전략'으로 이해하는 것이 바람직하다. 많은 기업들에게 이러한 조정 국면은 오히려 ESG 시스템을 선제적으로 정비할 수 있는 기회가 될 수 있다. 규제는 일시적으로 완화되더라도, 투자자와 바이어, 시민사회가 요구하는 ESG 수준은 여전히 높기 때문이다. 기업이 이러한 요구에 발맞추어 준비해 나갈수록 장기적으로는 신뢰 자본을 축적하고, 재강화될 규제 환경에 보다 유리한 위치에서 대응할 수 있다.

ESG는 일시적인 유행이 아닌 기업 생존과 직결된 전략이며, ESG 경영을 일찍이 내재화한 기업만이 장기적 경쟁 우위를 확보할 수 있다. 지금이야말로 규제 완화라는 겉모습에 안주하지 않고, ESG 역량을 정비하고 강화해 나가야 할 적기다.

기업 대응

트럼프 행정부 재집권 이후 ESG 정책과 규제 완화 움직임이 나타났음에도 불구하고, 미국 주요 기업들은 ESG 목표를 전혀 수정하거나 철회하지 않고 적극적으로 지속하고 있다. 애플, 마이크로소프트, 구글, 존슨앤드존슨, 스타벅스와 같은 글로벌 기업들은 ESG를 단순한 규제 준수가 아닌, 장기적인 경쟁력 강화와 시장 신뢰 확보를 위한 핵심 전략으로 간주하며 이를 일관되게 추진하고 있다.

예컨대, 애플은 공급망 전체를 대상으로 한 탄소 중립 목표(2030년)를 재확인하며, 협력 업체들에 대해 더욱 엄격한 지속가능성 기준을 적용하고 있다. 특히, 트럼프 행정부가 DEI다양성·형평성·포용성[13] 정책에 대한 반감을 드러냈음에도 불구하고 팀 쿡 CEO는 DEI 정책을 유지할 것임을 명확히 밝혔다. ESG에 대한 정치적 압력이 높아지는 상황에서도 애플은 글로벌 시장에서의 장기적인 가치 창출과 고객 충성도를 위해 지속가능성을 최우선 과제로 삼고 있다.

마이크로소프트 역시 정권 교체와 무관하게 2030년까지 탄소 네거티브 목표를 지속하고 있으며, 지속가능성 보고서를 통해 오히려 ESG 목표 달성을 위한 신규 프로젝트 투자 규모를 확대하고 있다. 특히, AI 데이터센터의 에너지 효율성 강화 및 재생에너지 프로젝트에 대한 투자를 지속적으로 확대하는 등, ESG를 기업의 핵심 전략으로 유지하고 있다. 구글 또한 트럼프 행정부의 규제 완화에도 불구하고 '2030년까지 모든 데이터센터와 사무실 운영에 24시간 청정 에너지를 사용한다'는 목표를 고수하고 있다. 최근에는 공화당 주州인 테네시, 텍사스 등에서도 대규모 재생에너지 시설 건설 및 전력 구매 계약PPA을 체결하며 ESG 전략을 흔들림 없이 실행하고 있다. 존슨앤드존슨은 연방정부의 정책 변화와 관계없이 2030년까지 전력 사용의 100%를 재생 가능 에너지로 대체하겠다는 목표를 유지하고 있으며, 공급망 실사 기준을 더욱 강화하는 등 ESG 경영을 오히려 강화하고 있다.

---

13) Diversity, equity, and inclusion

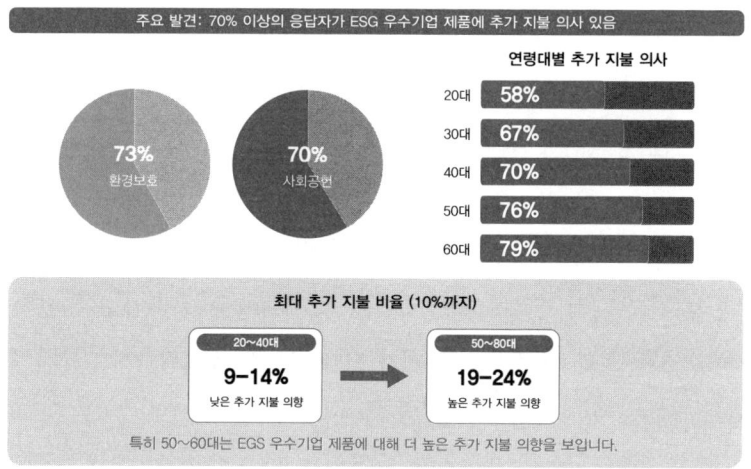

출처: FKI 한국경제인협회「2025 소비자 ESG 행동 및 태도 조사」

이러한 글로벌 기업들이 ESG 경영을 지속하는 이유는 단순한 윤리적 의식 때문만은 아니다. ESG는 이제 소비자 행동과 기업 성과에 실질적으로 영향을 미치는 핵심 기준이 되었다. 한국경제인협회에서 진행한「2025 소비자 ESG 행동 및 태도 조사」에 따르면, ESG 실천 기업에 대한 소비자의 신뢰와 구매 의향이 높아지고 있으며, 특히 50~60대 세대일수록 ESG 요소를 구매 결정의 중요한 기준으로 삼고 있다. 이들은 제품의 환경적 영향, 기업의 사회적 책임 이행 여부 등을 적극적으로 평가하며, ESG를 소홀히 하는 기업에 대해 불매 의사를 표시하는 비율도 상승하고 있다.

또한, ESG를 실천하는 기업은 우수한 인재를 유치하고 유지하는 데에도 유리하다. 다수의 연구에 따르면, ESG에 적극적인 기업일수록 구성원의 몰입도와 조직에 대한 충성도가 높고, 젊은 인재들은 일자리 선택 시 기업의 ESG 전략과 가치에 큰 영향을 받는 것으로 나타났다. 따라서 ESG는 단순한 트렌드를 넘어, 시장과 사회 전반의 기대에 부응하며 기업의 지속가능성과 브랜드 신뢰도를 높이는 구조적 기반이 되고 있다.

ESG는 시대적 흐름을 넘어선 역사적 필연이다. 기업의 사회적 책임, 환경 보호, 윤리적 경영에 대한 요구는 결코 새로운 것이 아니다. 산업혁명 이후 노동권과 환경 보호 규제가 점차 강화된 것처럼, ESG도 점진적으로 확대될 수밖에 없는 구조를 갖고 있다.

현재 미국의 ESG 규제가 완화되었다고 해서, 기업들이 ESG를 간과해도 되는 것은 아니다. 정치적 리더십이 바뀌면 언제든 다시 규제는 강화될 것이고, 글로벌 시장은 이미 ESG를 기본적인 운영 원칙으로 받아들이고 있다. 다시 말해, 지금 ESG를 준비하지 않는 기업은 미래에 더욱 큰 비용과 리스크를 감당해야 할 것이다.

이제 더 이상 ESG를 선택 사항으로 볼 여지는 없다. ESG는 기업이 지속 가능한 성장을 이루고, 시장에서 신뢰를 유지하며, 장기적인 경쟁력을 확보하기 위한 필수 전략이다. 트럼프 행정부의 규제 완화는 일시적인 정책 변화일 뿐, ESG라는 거대한 흐름을 바꿀 수 없다. 변화는 필연이며, 준비된 기업만이 살아남는다. 지금이야말로 ESG를 전략적 필수 요소로 받아들이고, 강력한 실행력으로 미래를 대비해야 할 때다. 더는 머뭇거릴 시간이 없다.

ESG 도입 가이드라인

ESG 공시 시스템의 이해

ESG 공시는 기업이 환경, 사회, 지배구조와 관련된 성과와 활동을 이해관계자에게 투명하게 공개하는 절차를 의미한다. 이는 단순히 재무적 성과를 넘어선 기업의 지속가능성을 달성하기 위한 중요한 비재무적 지표들을 다루며, 기업이 기후 변화 대응, 인권 보호, 공급망 관리, 경영 투명성 등을 어떻게 이행하고 있는지를 보고서 형태로 공개하는 것을 포함한다.

과거에는 일부 선도 기업들이 자발적으로 ESG 공시를 시작했지만, 최근에는 투자자와 소비자의 요구, 규제 당국의 압력에 의해 공시가 의무화되는 방향으로 빠르게 변화하고 있다. 유럽연합의 CSRD를 비롯한 해외 지역은 물론, 한국 지속가능성기준위원회KSSB의 공시 의무화 도입 계획 등 다양한 국가와 지역이 ESG 공시를 규범화하면서, 기업들은 ESG 정보를 체계적으로 수집하고 정기적으로 보고해야 하는 상황에 직면하고 있다. 이런 상황에서 기업들은 ESG 공시에 어떻게 접근해야 할까?

ESG 공시 시스템의 핵심은 '자발적 공시의 의무화'라는 개념에 있다. ESG 경영의 맥락에서 자발적 공시의 의무화란 기업들에게 자율적인 공시를 장려하면서도, 일부 핵심 항목에 대해 의무적으로 공개해야 하는 체계를 의미한다. 이 개념은 ESG 공시의 본질이 자발성에 기반을 두고 있지만, 점차 중요성이 커짐에 따라 특정 공시 기준이 규제화되고 있음을 반영한다.

과거 ESG 정보의 공개는 선택적이었다. 그러나 이제는 규제 당국과 시장이 자발적 참여를 넘어 공시를 당연한 책무로 요구하는 단계에 이르렀다. 기업의 지속가능성 전략을 수립하고, 이해관계자와의 신뢰를 쌓는 도구로서 ESG 공시가 자리 잡게 된 것이다. 단순한 명분을 넘어 기업 활동의 투명성을 강화하고 이를 정기적으로 보고하는 것이 글로벌 기업의 기본 조건이 되었다.

공시 의무화의 흐름

ESG 공시 의무화는 각국 정부와 국제기구가 기업들에게 ESG와 관련된 비재무적 정보를 반드시 공개하도록 법적으로 강제하는 것을 의미한다. 이는 자발적인 보고에서 벗어나, 규제를 통해 지속가능성 지표에 대한 관리를 경영 전략에 포함시키도록 요구하는 중요한 변화다.

ESG 공시가 의무화된 배경은 크게 두 가지다. 첫째, 투명성 강화와 이해관계자의 신뢰 구축이다. 기업이 환경과 사회, 그리고 지배구조 측면에서 어떤 책임을 다하고 있는지를 명확히 공개함으로써 투자자와 소비자들의 신뢰를 얻는다. 둘째, 국제 무역과 자본 유치의 필수 조건이 되었다는 점이다. 투자자들이 ESG 실적을 투자 의사결정의 주요 지표로 활용하면서 공시 의무화가 각국 기업들의 생존과 성장에 필수적인 요소로 자리 잡았다.

현재 ESG 공시 의무화의 대표적인 사례는 EU의 CSRD다. 기업 지속가능성 보고 지침을 뜻하는 CSRD는 기존의 비재무 보고 제도NFRD를 대폭 강화한 규정으로, 모든 대형 기업과 상장사들에게 ESG 관련 정보 공시를 의무화하고 있다. 환경·사회적 영향, 인권 보호, 공급망 실사 여부 등 다양한 비재무 정보를 공시해야 하며, 그 정확성과 신뢰성을 보장하기 위해 제3자 검증도 필수적이다. 한편, 한국에서는 KSSB가 ESG 가이드라인 등을 연내 공개하여 그간 통일된 기준이 없어 혼란을 겪던 국내 기업들에게 새로운 지침을 마련해 줄 예정이다.

ESG 공시의 의무화는 기업 경영의 모든 측면에 영향을 미친다. 단순히 데이터를 수집하고 보고서를 작성하는 차원을 넘어, 기업 전략의 전반적인 재구성이 필요하다. 이러한 의무화 추세는 ESG 경영이 현대 기업 경영의 중심축으로 자리잡기 시작한 변화의 흐름을 보여준다.

이러한 상황에서 전방 기업들이 마주한 당면 과제는 다음과 같다. 먼저 데이터 수집과 관리 체계 구축이다. 공시 의무화는 기업의 모든 부문에서 발생하는 ESG 관련 데이터를 투명하게 기록하고 보고해야 함을 의미한다. 이를 위해 기업들은 ESG 데이터 템플릿과 관리 시스템을 도입해야 하며, 정보의 정확성을 위해 내부 감사 체계를 강화해야 한다. 그 과정에서 비용 부담이 존재하는 것도 사실이다. 공시와 관련된 데이터 관리 시스템 구축, 외부 검증 비용, 보고서 작성에 필요한 인력 고용 등의 초기 투자는 필수적이다. 다만 이러한 비용 부담을 최소화하기 위해서는 엑셀 등을 활용한 데이터 템플릿을 이용하는 것만으로도 충분히 가능하며, 이를 통해 초기 투자를 크게 줄일 수 있다. 하지만 단순 일성 보고서 작성 대신 ESG를 경영 원리로서 새로이 결합시키려는 관점으로, ESG에 대한 명확한 이해를 갖고 접근한다면 이러한 투자는 장기적으로는 그 비용이 상쇄될 가능성이 높다. 유사하게, 소통을 강화하려는 노력이 요구된다. 공시된 ESG 정보는 투자자, 소비자, 협력사 등 다양한 이해관계자에게 공개되며, 기업의 평판과 직접적으로 연결된다. 이에 따라 기업들은 공시 내용이 단순한 형식적 보고에 그치지 않도록 실질적인 ESG 성과와 개선 노력을 보여줄 수 있는 전략을 마련해야 한다.

공시의 자발성

ESG 경영에서 중요한 축을 차지하는 것이 바로 '자발적 공시'이다. 이는 단순한 규제 이상의 개념으로서, 기업의 자발적 노력이 강조되는 공시 체계다. 자발적 공시는 기업이 직접 ESG 성과를 공개함으로써 이해관계자와의 신뢰를 구축하고, 사회적 책임을 다한다는 점에서 본질적인 가치를 지닌다. 이러한 시스템의 특성은 ESG 경영을 규제 중심이 아니라 자율적 참여로 이끄는 데 주력한다.

공시를 의무화하면서도 그 기초가 자발성에 기반하는 이유는 ESG 공시가 단순히 법적 구속력에 따라 강제되는 것이 아니라, 시장 내 경쟁과 신뢰를 유지하기 위한 수단으로 기능하기 때문이다. '의무'로 규정되는 항목은 환경관리법이나 근로기준법과 같은 기존 법령에 포함된 일부 분야에 국한된다. 나머지 영역은 자발적으로 선택하여 공시해야 하며, 이는 기업들이 스스로 공시 항목을 선택하고 공개 범위를 정해야 한다는 것을 의미한다.

이 과정에서 자발적 공시가 어렵게 여겨지는 이유는 선택의 폭이 넓기 때문이다. 만약 모든 기업이 동일한 항목을 강제적으로 보고하도록 한다면 단순한 '체크리스트'처럼 운영될 가능성이 높다. 하지만 자발적 공시는 각 기업의 상황과 전략에 맞게 맞춤형 보고가 이루어질 수 있도록 유도한다. 그 결과, 기업들은 경쟁적으로 더 많은 항목을 공시하려는 동기를 갖게 되고, 이는 ESG 경영 수준의 상향 평준화를 이끌어낸다. "옆 회사가 10개 항목을 공시했다면 우리도 10개 이상 해야 하지 않겠느냐"는 식의 경쟁 구도가 만들어지는 것이다.

자발적 공시는 한편 기업이 공개한 정보가 정확하지 않거나 불투명할 경우 그린워싱과 같은 문제가 발생할 수 있다. 이를 방지하기 위해 ESG 공시 과정에서는 기업들이 자신들의 활동과 성과를 명확하고 구체적으로 공개하는 것이 요구된다. 이처럼 자발성은 기업의 자율성을 존중하면서도 신뢰와 투명성을 담보하기 위한 핵심 메커니즘으로 작동한다.

실무자 입장에서 자발적 공시는 회사의 비전과 목표에 부합하는 항목을 선별해 공개할 수 있는 유연성을 제공하면서도, 공개된 정보의 정확성과 신뢰도를 담보하는 데 상당한 노력을 요구한다. 구체적인 예시를 통해 이 과정을 더 명확히 이해해보자.

동일한 산업군에 속해 있는 A기업과 B기업이 있다고 가정해 보자. A기업은 자발적으로 탄소 배출량을 매년 세분화하여 보고서에 공개하고, 이를 줄이기 위한 목표도 명시했다. 반면, B기업은 규제에서 요구된 최소한의 항목만 보고했다. 자연스럽게 A기업은 투자자와 소비자들로부터 더 큰 신뢰를 얻게 되고, 녹색 금융의 혜택을 받을 가능성도 높아졌다. 반면 B기업은 투자 유치에 어려움을 겪었고, 거래 협력사로부터 더 많은 정보 제공을 요구받게 되었다. 이는 자발적 공시가 단순한 규제 준수 이상의 가치를 지닌다는 점을 보여주는 대표적인 사례다. 이처럼 자발적 공시는 규제를 넘어선 기업의 성숙한 경영 의지로 해석된다.

한편 공급망 관리의 경우에도 마찬가지다. 대기업 C사는 자사의 공급망을 관리하기 위해 협력사들에게 탄소 배출량과 인권 관리 실적을 보고하도록 요구했다. 대기업과 거래 관계를 유지하려면 협력사들도 필수적으로 ESG 관련 정보를 공개해야 했다. 이에 협력사 D사는 대기업의 실사 요구를 미리 예측해, 매년 탄소 배출량과 근로환경에 대한 항목을 정리해 자발적으로 공개하기 시작했다. 그 결과, D사는 ESG 준비도가 높은 기업으로 평가받아 거래 안정성을 유지할 수 있게 된다. 이는 자발적 공시가 규제를 피할 뿐만 아니라 실질적인 비즈니스 기회를 창출할 수 있음을 시사한다.

또 다른 예시로, F사가 ESG 공시를 처음 시작했을 때는 환경 항목에만 집중했다. 초기에는 에너지 사용량과 폐기물 관리 수준만을 간단히 공개했다. 그러나 시간이 지나면서 사회와 지배구조 항목도 중요하다는 것을 인식하게 되었고, 임직원 성별 다양성과 이사회 독립성에 관한 정보를 추가했다.

자발적 공시의 단계적 확장

공시를 처음 시작하는 기업이 부담을 느끼는 가장 큰 이유는 '어떤 항목을, 어디까지 공개해야 하는가'에 대한 명확한 가이드라인이 없기 때문이다. 하지만 자발적 공시는 완벽함을 요구하는 것이 아니라, 기업이 현실적으로 관리할 수 있는 범위 내에서 시작해 점진적으로 확장해 나가는 것이 핵심이다. 이러한 단계적 확장 과정을 보다 직관적으로 이해할 수 있도록, 가상의 사례를 들어 설명해 보자.

─────(예시)─────

ESG 공시에 익숙하지 않은 A사가 있다고 해 보자. 이 기업은 중견 제조업체로, ESG 공시 경험이 없고 내부적으로도 관련 인력이 부족한 상황이다. 하지만 주요 고객사와 투자자들의 요구로 인해 공시를 준비해야만 했다. A사는 단계적으로 공시를 확장하는 전략을 선택했다.

1단계 : 기존 데이터 정리 및 필수 항목 공시
- 사내에서 이미 관리하고 있는 에너지 사용량, 폐기물 배출량 등의 데이터를 정리하여 기본적인 환경 성과를 공시했다.
- 법적으로 요구되는 안전관리 및 노동 기준 준수 여부를 포함하여 공시 보고서를 작성했다.
- 이 과정에서 환경경영팀과 생산팀 간 협업이 필요했으며, 데이터의 정확도를 높이기 위해 사내 기준을 마련했다.

2단계 : 공시 범위 확대
- 2년 차부터는 환경뿐만 아니라, 직원 근무 환경과 관련된 사회(S) 항목을 추가했다.
- 직원 만족도 조사, 산업재해 발생률, 다양성과 포용성(DEI) 정

책을 보고서에 반영했다.
- 탄소 배출 감축 목표를 설정하고, 연도별 감축 계획을 공시했다.

3단계 : 외부 검증 및 이해관계자 소통 강화
- 3년 차에는 ESG 인증 기관의 외부 검토를 받는 과정을 추가로 도입해 기업 신뢰도를 높였다.
- 주요 협력사와 ESG 데이터를 공유하며 공급망 내 ESG 실천을 강화했다.
- 공시된 ESG 목표의 이행 결과를 평가하고, 차년도 목표를 조정하는 피드백 시스템을 도입했다.

이와 같이 공시는 처음부터 완벽하지 않아도 된다. 오히려 초기에는 기업이 감당할 수 있는 수준에서 시작한 뒤, 점진적으로 공시 항목을 늘려가는 것이 바람직하다. ESG 경영은 지속적인 개선을 목표로 하기 때문에, 한 번의 공시로 끝나는 것이 아니라 매년 성과를 검토하고 보완해 가는 과정이 중요하다. 이처럼 자발적 공시의 가장 큰 장점은 기업 스스로 학습과 개선을 반복하며 신뢰도를 쌓아갈 수 있다는 데 있다.

자발적 공시를 준비하는 실무자들에게 중요한 것은 기업의 핵심 이해관계자와 산업별 특성을 고려해 공시 전략을 수립하는 것이다. 예를 들어 제조업의 경우 환경적 성과가 중요하므로 탄소 배출량이나 에너지 사용량을 중심으로 공시를 준비해야 한다. 반면, IT나 금융 업종에서는 지배구조 항목의 투명성이나 데이터 보호 수준이 주요 관심사가 될 수 있다.

또한 공시가 단순히 '의무'에 그치지 않고 비즈니스 전략의 일환으로 활용될 수 있도록 경영진의 적극적인 지원과 협업이 필수적이다. ESG 보고서는 외부 감사나 인증 기관의 검토를 거쳐야 신뢰성을 확보할 수 있기 때문에, 초기 단계에서부터 정확한 데이터 수집과 관리 시스템 구축이 필요하다. 이러한 준비 과정을 통해 기업은 단순한 규제 준수를 넘어 ESG를 기반으로 한 장기적 경쟁력을 확보할 수 있다.

실무자를 위한 ESG 공시 실천 가이드

☑ 공시 시작 전 체크리스트
- 우리 회사가 이미 보유한 환경·사회·지배구조 관련 데이터가 있는가?
- 투자자나 고객이 요구하는 ESG 정보는 무엇인가?
- 경쟁사들은 어떤 항목을 공시하고 있는가?

☑ 공시 항목 선정 및 초기 실행
- 법적 요구사항이 있는 필수 공시 항목을 먼저 공개

- 내부에서 쉽게 수집할 수 있는 데이터를 활용하여 시작
- 하청 기업의 경우, 협력사 ESG 요구사항을 참고하여 공시 범위 결정

☑ **점진적 확장 및 신뢰 확보**
- 공시 항목을 점진적으로 확대 예 환경 → 사회 → 지배구조
- 외부 검증 및 이해관계자 소통 강화
- ESG 공시를 기반으로 브랜드 신뢰도를 구축

🍃 공시 준비에 대한 제언

1 "시스템"을 구축하라

크고 복잡할 필요는 없지만, 지속가능성 이슈를 그냥 방치하는 것이 아니라 체계적으로 관리하고 있음을 보여주는 것이 중요하다. ① 우리의 약속(정책)이 있고, ② 그 약속을 지키기 위해 ③ 어떤 활동(액션)을 하고 있으며, ④ 가능하다면 그 결과를 숫자로 보고(결과)하고 있다는 일련의 흐름을 명확히 제시해야 한다.

2 기존 자료를 적극 활용하라

거창한 보고서나 정책을 새로 만들 필요는 없다. 현재 회사에 있는 문

서들을 체계적으로 정리하는 것부터 시작하라. 안전 수칙 문서, 환경 관련 내부 규정, 직원 교육 자료, 폐기물 처리 계약서, 에너지·수도 요금 고지서(데이터 추적용), 보유 인증서 등이 모두 유용한 자료가 될 수 있다.

3 실행 증거를 체계적으로 관리하라

정책만 있고 실행이 없다면 절반만 해결된 것이다. 직원 교육 사진, 안전 장비 구매 영수증, 폐기물 분리수거 현장 사진 등 실제 활동을 입증할 수 있는 증거를 지속적으로 수집하고 관리해야 한다. 다만 실행은 있으나 정책 및 전략이 없다면, 그것은 제대로 된 시스템이 아니다.

4 핵심 데이터를 추적하라

가능하다면 핵심적인 부분에 대해서는 간단하게라도 데이터를 추적하고 기록해야 한다. 에너지 사용량, 폐기물 배출량, 안전 사고 발생 건수 등을 정기적으로 모니터링하되, 앞서 언급한 바와 같이 엑셀 등을 활용한 명확한 관리만으로도 충분하다.

5 투명성과 접근성을 확보하라

제출하는 문서들이 명확하고 이해하기 쉬워야 한다. 가능하다면 외부 이해관계자들이 쉽게 파악할 수 있는 형태로 구성하는 것이 바람직하다.

검증

ESG 공시는 자발적으로 시작된 기업들의 비재무적 정보 공개 활동에서 출발했지만, 자율성이 보장된 만큼 신뢰성 문제를 필연적으로 동반한다. 각 기업은 자신의 상황과 목표에 따라 ESG 성과를 보고하지만, 이러한 공시는 외부 이해관계자들에게 신뢰를 주기 위해 반드시 검증 과정을 거쳐야 한다. 기업마다 선택한 공시 프레임워크(GRI, TCFD 등)가 다르고 지표 선정 방식이 자율적이기 때문에, 공시된 정보가 사실과 일치하는지 보증하기 위한 외부 검증이 필요하다.

자발적 공시에서 검증이 중요한 이유는 기업이 공개할 범위와 내용을 스스로 설정한다는 점에 있다. 예를 들어 기업이 여러 계열사를 운영하는 경우, 일부 계열사의 ESG 성과를 공시하지 않도록 선택할 수도 있다. 기업이 '지분율이 낮다'거나 '운영상 통제권이 없다'는 이유로 특정 데이터를 제외할 때, 이를 이해관계자가 온전히 신뢰할 수 있으려면 외부의 독립적 검증이 필요하다. 그렇지 않으면 공시된 정보는 '자기 마음대로 작성된 것'이라는 비판을 받을 위험이 있다. 이 때문에 기업들은 외부 검증을 통해 공시의 신뢰도를 높이고, 공시 기준과 실제 성과 간의 차이를 해소해야 한다.

다시 말해, 검증은 공시 과정에서 발생할 수 있는 정보의 누락이나 선택적 공개에 대한 신뢰를 확보하는 핵심 장치로 작용한다. 글로벌 대표

공시 가이드라인 등에 따르면 공시에는 특정 예외 사유가 인정되지만, 그 이유를 명확히 증명해야 한다. 이런 경우 ESG 보고서에서도 기업은 공시에서 제외된 부분이나 데이터를 왜 포함하지 않았는지 설명해야 하며, 이 역시 외부 검증을 통해 신뢰를 확보하게 된다. 이는 기업이 무책임한 공시를 방지하고 이해관계자들의 신뢰를 얻기 위한 필수 절차로 자리 잡고 있다.

또한 ESG 정보의 검증은 단순히 신뢰성을 넘어, 해당 공시가 각국의 규제와 법적 요구를 충족하는지를 보장하는 역할도 한다. 대표적인 지속가능성 체계인 GRI, IFRS, 그리고 SEC는 모두 기업이 지속가능성 목표를 수립한 후 해당 목표가 제대로 설정되었는지 등을 검증받을 것을 요구한다. 이는 기업이 잘못된 목표를 세우거나 성과를 왜곡하지 않도록 방지하는 장치로 기능한다.

검증의 필요성은 ESG 공시의 기본 원칙 중 하나인 명확성과 정확성을 뒷받침한다. 검증은 자발적 공시가 외부 이해관계자에게 신뢰를 주고, 규제기관의 요건을 충족하며, 궁극적으로 글로벌 시장에서 경쟁력을 유지하기 위해 필수적인 과정이다. 공시된 정보가 검증을 거치지 않을 경우, 기업이 잘못된 데이터를 기반으로 투자를 유치하거나 불완전한 성과로 이익을 보는 부작용이 발생할 수 있다.

즉, 자발적 공시의 확산과 더불어 검증의 중요성도 커지고 있다. 이에 따라 회계사나 기존의 주요 감사인 집단은 ESG 공시 검증 시장을 선점하기 위해 경쟁을 벌이고 있다. 특히, IFRS 산하 ISSB가 제시한 공시 기준(IFRS S1·S2)뿐만 아니라, 이를 검증하는 국제 감사 기준인 ISSA 5000이 새롭게 제정되면서, 회계 전문가들이 ESG 검증의 주체로 부상하고 있다. ISSA 5000은 검증인의 자격 요건으로 회계사 또는 그에 준하는 전문 자격 보유자를 명시하고 있어, 자연스럽게 회계법인 중심의 검증 체계가 형성되고 있는 것이다. 이처럼 ESG 공시는 단순한 정보 공개를 넘어, 보다 전문적이고 엄격한 검증의 영역으로 이동하고 있다.

기업 내부에서는 이를 고려해 어떤 과제를 수행해야 할까? 여기서도 체계 구축이 핵심이다. 탄소 배출량, 인권 보호, 공급망 관리 등 각 부서에서 산출되는 데이터를 통합적으로 관리하고, 일관된 방식으로 보고할 수 있는 체계를 갖추어야 한다. 검증 과정에서 데이터의 일관성과 정확성은 필수적인 요소로, 미흡한 관리로 인해 정보가 왜곡되거나 누락될 경우 정보에 대한 신뢰도가 하락할 수 있다. 특히 국내외에서 ESG 공시가 법적 의무로 전환되는 과정에서 기업의 재무 정보와 ESG 정보 간의 일관성은 더 중요해졌다. 이와 같은 상황에서 기업은 회계와 비재무 정보 간의 조화를 이루기 위해 내부 협력과 외부 전문가의 지원을 적극적으로 활용하고 있다.

특히 대기업의 경우 Scope 3하에 공급망 내 협력사의 데이터까지 일관성 있게 관리하는 것이 필요하다. 일례로 대기업 B사는 ESG 보고서의 검증을 위해 회계사와 협력하여 GRI_{Global Reporting Initiative} 지표를 바탕으로 공급망의 탄소 배출량과 사회적 성과를 점검했다. 여기서 중요한 것은 협력사가 제공한 데이터가 일관되고 투명하게 관리되는 것이다. 데이터 오류나 누락이 발생하면 전체 보고서의 신뢰성이 손상될 수 있기 때문이다. 대기업들은 이를 방지하기 위해 협력사와의 데이터 수집 프로세스를 표준화하는 방안을 도입하는 추세다. 예를 들면 대기업과 협력사가 같은 계산식과 지표를 사용하도록 유도해 데이터의 일관성을 높이는 방식이 있다. 이런 표준화된 데이터 수집 프로세스는 외부 검증 기관이 감사를 진행할 때도 유리하게 작용하며, EU의 CSDDD나 CBAM 등에 대응하기 위해서도 필요하다.

대기업과 협력사 간의 ESG 공시 협력은 단순한 데이터 공유를 넘어 상호 신뢰를 구축하고 지속 가능한 성장을 도모하는 과정이다. 협력사들은 초기에는 공시 준비 과정에서 어려움을 겪더라도, 대기업의 지원과 표준화된 프로세스를 적극적으로 활용해야 한다. 이를 통해 보다 정돈된 체계를 학습하고 기업 내부의 체계를 점진적으로 개선할 수 있기 때문이다. 이러한 협력 모델은 기업 생태계 전반의 지속 가능성을 높이고, 글로벌 ESG 기준에 부합하는 경영을 실현하는 데 필수적이다.

한편, ESG 검증을 준비하는 과정에서는 사내 교육과 임직원 역량 강화를 통해 기업 내부의 공시 역량을 높이는 것이 필요하다. 각 부서가 ESG 데이터의 중요성을 이해하고, 일관된 목표 아래 협력해야만 효과적인 검증 준비가 가능하다. GRI와 TCFD 같은 프레임워크를 바탕으로 한 공시 지침과 절차를 충분히 이해하고, 검증 과정에서 요구되는 데이터를 사전에 준비하는 것이 중요하다.

ESG 검증은 단순한 규제 준수의 절차가 아닌, 장기적인 기업 전략과 연계되어야 한다. 검증을 통해 확인된 ESG 성과는 기업의 지속가능성을 높이고, 반복적인 보고 과정은 기업의 시장 경쟁력을 강화하는 데 기여한다. 이러한 검증 과정은 단발적인 이벤트가 아닌 지속적인 프로세스임을 인지하고, 장기적인 계획 아래 수행되어야 한다.

ESG 공급망 평가 현황

오늘날 글로벌 기업들은 협력사에게도 ESG 평가를 요구하고 있으며, 이에 대한 대응 역량은 기업의 비즈니스 성패를 결정짓는 중요한 전략적 도구로 자리 잡고 있다. 특히 대기업들은 협력사의 ESG 성과를 평가하여 탄소 배출 감축 및 사회적 책임을 충족하지 못하는 협력사를 거래에서 배제하거나 개선 조치를 요구하고 있다. 예를 들어 이러한 변화는 한국과 해외 기업들 모두에게 중요한 과제가 되고 있다.

애플은 공급망 관리와 ESG 경영에서 가장 적극적인 대처를 하는 사례 중 하나로 자주 언급된다. 특히 애플은 협력사들과의 계약에서 계약 해지라는 강경한 페널티 조항을 도입한 최초의 기업 중 하나로 잘 알려져 있다. 이 조치는 협력사들에게 단순한 경고 수준을 넘어, ESG 기준 미달 시 거래가 중단될 수 있음을 명확히 알렸다는 점에서 새로운 흐름을 보인 것으로 평가할 수 있다.

계약 해지라는 조항을 언급한 것은 필립스가 먼저이지만, 필립스는 이러한 조치가 가능함을 언급했을 뿐 실제 논의를 진행하거나 서명을 한 적은 없었다. 반면, 애플은 협력사들과의 계약에서 서면 합의를 통해 ESG 준수 의무를 명확히 하고, 미이행 시 즉각적인 계약 해지를 명시했다. 이와 같은 조치는 협력사들에게 큰 압박으로 작용하면서도, 글로벌 시장에서 ESG 준수의 중요성을 다시 한번 부각시키는 계기가 되었다.

애플의 공급망 관리는 단순히 공급망의 범위에 머물지 않고, 가치 사슬까지 확장되고 있다. 공급망이 제품 생산과 물류 등 공급의 물리적 흐름을 관리하는 데 중점을 두는 반면, 가치 사슬은 기업의 이해관계자들과 지속 가능성까지 포괄하는 개념이다. 애플은 이러한 가치 사슬 전반에 걸쳐 탄소 배출량과 사회적 책임을 관리하며, 협력사들에게도 탄소 발자국 보고를 요구하고 있다.

EU의 지속 가능성 보고 지침ESRS은 이러한 공급망 평가와 관리 방식을 제도화하는 데 중요한 역할을 한다. ESRS는 공급망과 가치 사슬을 명확히 구분하며, 대기업이 협력사의 탄소 배출량(Scope 3)까지 포함한 데이터를 공개하도록 요구한다. 애플은 이 지침에 부응하기 위해 협력사들에게 재생에너지 사용과 탄소 감축 목표를 설정하도록 독려하며, 이를 성과로 보고하는 체계를 마련한 것이다. 결과적으로 이러한 애플의 방침은 기업들이 단순한 법적 의무를 넘어 ESG 경영을 내재화하도록 하는 강력한 유인책으로 작동하고 있다.

한편 국내 기업들은 아직 글로벌 수준의 공급망 ESG 평가를 본격적으로 도입하지 않은 단계에 머물러 있다. 일부 대기업이 협력사 관리와 평가에 관심을 보이고 있지만, 정확한 기준과 페널티를 명시한 계약 조항을 시행한 사례는 적다. 애플과 GM 같은 해외 기업들이 협력사 평가에 엄격한 조항을 도입하며 선제적으로 움직인 것과 비교하면, 한국의 상황은 아직 초기 단계라고 할 수 있다.

예를 들어 GM은 모든 1차 협력사Tier 1에게 에코바디스EcoVadis 평가에서 환경을 제외한 네 가지 항목에서 평균 45점 이상을 받도록 요구했다. 이 기준을 충족하지 못할 경우 2025년까지 개선할 여유를 주는 대신, 이후에는 거래 중단을 포함한 페널티가 있을 것임을 명확히 밝혔다. GM은 2022년부터 이 계획을 발표하며 협력사들이 적응할 시간을 주었지만, 평가 기준을 충족하지 못한 협력사들은 결국 불이익을 피할 수 없게 될 것이다. 이는 협력사들이 단순한 대응을 넘어 지속적인 ESG 경영 개선을 필수적으로 고려해야 함을 시사한다.

국내 현대자동차도 협력사들을 대상으로 공급망 평가를 도입하기 시작했다. 현대차는 외부 평가 기관과의 협력을 통해 1~2차 협력사 약 440개에 대한 평가를 수행하고 있다. 그러나 평가를 도입하는 초기 단계에서 협력사들에게 직접적인 페널티를 부과하기보다는, 연말에 공문을 통해 에코바디스 평가 점수를 공개해 줄 것을 요청하는 식으로 간접적인 압박을 가하고 있다. 이는 공급망 평가를 미리 준비하라는 신호로 해석될 수 있으며, 협력사들에게 ESG 평가 대비를 촉구하는 역할을 한다.

또한, 현대자동차는 협력사 관리를 효율화하기 위해 기존의 지역별 입찰 방식을 폐지하고 전국 단위 입찰로 전환했다. 이로 인해 일부 협력사는 예상치 못한 물류 비용 부담을 떠안게 되었다. 이는 협력사들에게 비용 절감과 운영 효율화를 강제하는 동시에, 전기차 생산 확대와 같은 대규모 산업 전환에 대비하는 조치로 해석된다. 현대자동차는 2030년까지 전기차 모델을 확대하고 판매비중을 늘린다는 목표를 발표했으며, 이러한 변화 속에서 협력사들도 장기적인 ESG 전략을 구축할 필요성에 직면하게 되었다.

한편, 기업들이 공급망 실사와 ESG 공시를 더욱 강화하도록 요구하는 EU의 공급망 실사지침CSDDD은 국내외 기업들에 중요한 영향을 미치고 있다. 이 지침에 따르면, 대기업이 ESG 보고서를 제출할 경우 추가적인 공급망 실사가 면제될 수 있는 조항이 포함되었다. 그러나 대기업들이 보고서를 작성하는 데에만 연간 수억 원을 투자하고 있는 현실을 고려하면, 공급망 관리와 실사를 회피할 가능성은 낮아 보인다. 오히려 이러한 지침은 기업들이 공급망 실사 내용을 보고서에 포함하도록 유도하며, 협력사들 역시 이에 대응할 수밖에 없도록 압박할 가능성이 높다.

국내 중소기업과 코스닥 상장사들은 이러한 ESG 평가의 확산에 대해 "언제부터 대비해야 하느냐"는 질문을 던지며 불안감을 표하고 있다. 그러나 시장에서는 이미 대기업들이 ESG 기준에 맞춰 움직이고 있으며, 협력사들에게도 조용한 압박이 가해지고 있다. 이는 ESG 경영이 단순한 선택이 아닌, 생존을 위한 필수 조건으로 자리 잡고 있음을 의미한다. 적응하지 못할 경우 결국 거래 배제와 같은 실질적 리스크에 직면할 가능성이 높다.

ESG 경영과 공급망 평가를 새로운 경영 패러다임으로 받아들여지고 있다. 단기적인 비용과 부담이 따르더라도, 협력사들은 이를 기회로 삼아 장기적인 경쟁력을 확보해야 한다. 글로벌 대기업들과의 파트너십을 유지하기 위해서는 자발적인 ESG 개선 노력과 지속 가능한 경영 전략을 도입하는 것이 필수적이다. 이는 기업과 협력사 모두에게 성장과 발전의 기회를 제공할 뿐 아니라, 글로벌 ESG 트렌드에 부응하는 길이 될 것이다.

ESG 공시 실무 가이드라인

　기업들은 재무 성과와 더불어 ESG 성과까지 투명하게 공개해야 하는 시대를 맞이하고 있다. 이러한 비재무적 요소를 제대로 관리하지 못하면, 협력사와의 관계 단절은 물론 투자자와 소비자들의 신뢰까지 잃을 위험에 처할 수 있다. 반대로 ESG 성과를 제대로 측정하고 보고하는 기업은 지속 가능한 성장을 위한 경쟁력을 확보할 수 있다.

　그러나 ESG 성과를 투명하게 관리하고 공개하는 일은 생각만큼 간단하지 않다. ESG 도입 초기에는 어떤 기준에 따라, 무엇을 보고해야 하는지를 결정하는 데 있어서부터 어려움을 겪게 된다. 글로벌 시장에는 GRI, TCFD, SASB 등 다양한 ESG 평가 도구와 보고 체계가 존재하며, 각기 다른 목적과 특성을 지니고 있다. 이는 기업들이 자신의 사업 모델에 맞는 프레임워크를 선택하는 것을 복잡하게 만들 뿐 아니라, 국제 규제와 산업별 요구 사항에 동시에 부응해야 하는 부담으로서 작용한다.

이 장에서는 다양한 ESG 평가 도구와 글로벌 프레임워크를 살펴보고, 기업이 실질적으로 어떤 기준을 선택해야 할지에 대한 지침을 제시한다. 그리고 실무적 측면에서 GRI가 왜 중요한지에 대한 이해를 바탕으로 국제 표준에 맞는 ESG 보고서 작성 전략을 살펴볼 것이다. ESG 평가 대비의 복잡한 퍼즐을 어떻게 풀어나가야 할지, 이 장을 통해 그 첫 번째 해답을 제시할 것이다.

ESG 공시 기준

환경오염으로 인한 기후 변화 및 생태계 파괴, 노동 및 생산에서의 인권 보호 등을 이유로 기업의 사회적 책임의 중요성이 강화되었다. 기후 변화에 대한 영향을 비롯한 사회적 책임을 기업은 더이상 방기할 수 없게 될 것이다. 환경, 사회, 지배구조 등을 기업 운영에 적용하기 위한 사회적 책임이나 사회책임투자에 대한 규정과 원리를 개발할 필요가 대두되었고, 이에 따라 다양한 이해관계자들 간의 협력과 네트워크가 확산되어 ESG 이니셔티브가 등장했다.

이니셔티브의 확산은 초기에는 시민사회가 주도했지만, 점차 기업과 정부, 금융기관 등 다양한 이해관계자들이 참여하면서 협업 네트워크로 확산되었다. UN과 OECD, 국제표준화기구ISO, 세계경제포럼 등이 이 과정에 참여하여 글로벌 경영 표준을 제시했다. 이들은 기업들이 환경적, 사회적 책임을 통합한 경영 방식을 채택하도록 장려하였다.

각종 표준화된 이니셔티브는 비재무적 요소의 평가를 가능케 한다는 점에서 의미가 있다. 특히 실무적인 입장에서 우리가 주목해야 하는 건 정보 공개 이니셔티브다. ESG를 이야기할 때 빠지지 않고 등장하는 것이 평가에 관한 이야기다. 정책이나 제도가 운영될 때에도 진단을 통해 도출된 평가 점수를 근거로 집행된다. 이러한 ESG 평가의 대부분은 기업이 자발적으로 선정하여 공개한 정보를 바탕으로 진행된다. 기업들이 신뢰할 수 있는 보고서를 작성하지 못하면 외부 이해관계자의 불신을 초래할 수 있으며, 투자 유치나 파트너십 구축에도 부정적인 영향을 미칠 수 있다. 실무에서 정보 공개 이니셔티브가 중요한 이유다.

GRI, SASB는 지속가능성 이슈를 중심으로 조직의 ESG 정보공개 지침과 지표를 제시				
IR, TCFD는 조직이 정보공개 시 준수해야 할 원칙 및 지침을 Framework 형식으로 제시				
	GRI	SASB	IR	TCFD
Type	Guideline 지침 및 지표	Standards 지침 및 지표	Framework 원칙	Framework 원칙 및 지침
Industry Classficatio	O	O	X	O

위의 표는 현재 주로 사용되는 ESG 평가 지표들을 보여준다. 각각의 등장 배경을 알아보는 것도 흥미로운 과제이지만, 여기서는 보다 실무적인 필요에 맞추기 위해 각 지표의 등장 배경보다는 활용 측면에 집중하고자 한다.

ESG 공시 기준은 기업이 비재무적 성과를 체계적으로 보고하기 위해 사용하는 도구들로, 국제적으로 다양한 프레임워크와 지침이 존재한다. 대표적으로 GRIGlobal Reporting Initiative, SASBSustainability Accounting Standards Board, IRIntegrated Reporting, TCFDTask Force on Climate-related Financial Disclosures[14] 등이 있다. 이들 공시 지표는 기업 경영의 투명성을 강화하고, 이해관계자들에게 신뢰할 수 있는 정보를 제공하는 역할을 한다. 평가 지표는 공시 방법론을 제시하는 기능을 수행한다. 그 활용 방식은 공시를 수행하는 기업에서 결정할 수 있다. 이러한 측면에서도 ESG 공시의 자발성을 재차 확인할 수 확인할 수 있다.

네 가지 공시 기준을 자세히 살펴 보자. 먼저 GRI는 'ESG 공시의 바이블'이라 불릴 정도로 가장 널리 사용되는 평가 지표다. 기업이 환경, 사회, 지배구조 전반에 걸친 성과를 포괄적으로 보고하도록 돕는다. 특히 중대성 평가Materiality Assessment와 제3자 검증을 필수 항목으로 포함해, 보고서의 신뢰성을 높인다. GRI는 사실상 모든 ESG 공시의 기초가 되는 지표로, 다른 프레임워크를 이해하기 위해서도 실무 담당자는 GRI를 반드시 학습해야 한다. 그 이유에 관해서는 아래 다시 자세히 서술할 것이다.

---

[14] TCFD(Task Force on Climate-related Financial Disclosures)는 2023년 해체되었으며, 그 기능은 현재 IFRS 재단 산하의 ISSB(국제지속가능성기준위원회)에서 발표한 공시 기준 IFRS S1, S2에 통합되었다. 현재는 공식적으로 IFRS S1, S2를 사용하는 것이 정확하나, 일반적으로는 여전히 'TCFD'라는 명칭이 널리 인식되고 있어 본문에서는 TCFD로 표기하였다. 이는 IFRS가 TCFD 권고안을 기반으로 설계되었기 때문이다.

SASB는 산업별 특화된 지침을 제공하는 ESG 공시 표준이다. 미국에서 시작된 이 프레임워크는 기업별로 맞춤형 평가 지표를 적용해, 기업이 속한 산업 특성에 맞게 ESG 성과를 보고하도록 한다. 이는 특히 투자자들이 기업의 성과를 명확하게 비교할 수 있도록 설계된 것이 특징이다. 그러나 최근에는 TCFD와의 통합을 통해 글로벌 회계 표준인 IFRS 재단의 ISSB International Sustainability Standards Board 체계로 흡수되며 더 강력한 일관성을 확보하고 있다.

IR은 재무와 비재무 성과를 통합한 보고서를 작성하는 데 중점을 둔다. 이는 기업이 단순한 ESG 성과뿐 아니라, 장기적인 가치를 창출하는 경영 전략과 재무적 성과를 연계하는 방식을 보여준다. IR은 규정된 지표에 데이터를 수합하기보다는 기업이 상황에 맞는 보고서를 자율적으로 작성할 수 있도록 유연성을 제공한다.

TCFD는 기후 변화가 재무 성과에 미치는 영향을 투명하게 공개하도록 하는 데에 중점을 둔다. 기업들이 기후 리스크와 기회를 파악하고 이를 경영 전략에 반영하도록 유도하며, 기후 관련 데이터의 표준화를 목표로 한다. TCFD는 금융 기관과 투자자들이 기업의 기후 리스크를 명확하게 이해할 수 있도록 설계되었으며, 이는 기후 변화 대응 전략과 투명성을 강화하는 중요한 역할을 한다.

이러한 네 가지 공시 기준을 살펴보면, GRI와 SASB는 주로 구체적인 지침과 지표를 제공하는 반면 IR과 TCFD는 원칙과 프레임워크를 중심으로 구성된다. 원칙과 지침은 기업이 고정된 방식이 아닌 자율적인 기준에 따라 자신만의 보고서를 작성하도록 한다는 점에서 차이가 있다. 이는 각 기업의 상황에 맞춰 ESG 전략을 수립하고 실행할 수 있는 유연성을 제공하지만, 동시에 명확한 방향 설정이 어려울 수 있다는 어려움도 내포하고 있다.

어떤 공시 기준을 선택하느냐에 따라 ESG 전략의 효과와 보고의 투명성이 달라진다는 점에 유념해야 한다. 실무자는 다른 지표들의 기준점이 되는 GRI를 통해 공시 기준을 학습한 후, 다양한 프레임워크를 조화롭게 활용할 필요가 있다.

🌿 GRI와 TCFD

ESG 보고서를 작성할 때 반드시 기억해야 할 두 가지 기준은 GRI와 TCFD다. 이 두 프레임워크는 각각의 목적과 특성에 따라 기업이 비재무적 성과를 체계적으로 보고하는 데 필요한 기본 틀을 제공한다. 기업들은 GRI와 TCFD를 이해하고 활용함으로써 글로벌 ESG 평가에 효과적으로 대응할 수 있다.

먼저 GRI는 ESG 공시의 지표 중심 표준으로, 기업이 환경, 사회, 지배구조 측면에서 각 성과를 정량적·정성적 지표로 명확히 제시하도록 설계되어 있다. GRI는 ESG 공시에서 가장 많이 활용되는 기준으로, 한국 기업들이 작성하는 보고서의 대부분이 GRI 기반에 맞춰 작성되고 있다. SASB는 산업별로 구체적인 지표를 제공하지만, 이는 결국 GRI 기반에서 파생된 구조에 불과하다. IR_{Integrated Reporting}은 재무 성과에 초점을 맞추며, ESG와 직접적으로 연계된 프레임워크는 아니다.

한편, TCFD는 기후 리스크의 재무적 영향에 중점을 두고 있다. TCFD는 기업이 기후 변화로 인한 물리적 리스크와 전환 리스크를 식별하고, 이를 숫자로 환산해 재무적 성과에 반영하도록 한다. 즉, TCFD는 기후 위기에 대응하는 기업의 준비 상황을 재무적으로 평가할 수 있는 프레임워크와 지침을 제공한다. 그러나 GRI와 달리, TCFD는 각 기업이 자율적으로 설정한 기준에 따라 방법론만 따를 것을 요구하며, 구체적인 단위나 측정 범위를 강제하지 않는다.

🍃 ESG 경영 공시의 바이블, GRI

GRI는 ESG 경영 공시의 표준이자 바이블이라 부를 수 있다. GRI는 ESG 경영과 관련된 모든 공시 체계의 기초가 되며, 지속 가능 경영 보고의 필수 도구로 자리 잡았다. 이는 GRI를 이해하지 않고서는 ESG 경영공시의 본질을 설명할 수 없기 때문이다. 다시 말해 GRI는 기업들이 ESG 경영을 투명하게 보고하고 규제 및 국제적인 평가에 대응하기 위한 가장 포괄적이고 체계적인 지침을 제공한다.

SASB는 미국에서 만들어진 최초의 산업별 공시 가이드라인이다. 산업군에 따라 구체적인 공시 기준을 제시하며, 기업들이 자신이 속한 산업의 특성에 맞춰 ESG 성과를 보고할 수 있도록 돕는다. 그러나 최근 SASB는 TCFD와 통합되는 흐름을 보이고 있으며, 이 두 체계는 IFRS의 ISSB를 통해 IFRS S1·S2라는 새로운 공시 기준으로 통합되었다. 이러한 통합은 국제적으로 일관된 ESG 보고 체계를 확립하려는 움직임의 일환이다.

우리나라 또한 KSSB를 통해 IFRS S1·S2를 기반으로 한 공시 체계를 준비하고 있다. 이는 글로벌 스탠다드에 맞추어 기업들이 지속 가능 경영과 ESG 성과를 체계적으로 보고할 수 있도록 하는 중요한 변화다. UN의 SDGs_{Sustainable Development Goals}는 ESG 목표의 방향성을 제시하는 17개의 목표로 구성되며, 한국어 번역본도 제공되어 기업들이 손쉽게 활용할 수 있다. 기업들은 다양한 공시 가이드라인을 통해 SDGs에서 설정한 목표 달성에 기여한 내용을 보고하고 지속 가능 성과를 향상시키게 된다.

ESG를 처음 접하는 입장에서는 수많은 공시 체계들을 모두 알아야 할 것 같다는 부담을 갖기 쉽다. 그러나 처음 학습할 때는 GRI 하나에만 선택과 집중하는 것이 좋다. GRI는 SASB, TCFD, UN SDGs 등 다양한 프레임워크를 모두 포괄하며, 기업들이 ESG 경영의 각 요소를 연결해 보고할 수 있도록 돕는다. 때문에 공급망 실사와 같은 구체적인

ESG 이슈에 대응하려는 기업들이 반드시 학습해야 하는 공시 체계를 단 하나 꼽자면 그것은 GRI다. GRI는 ESG 공시의 기본 중의 기본이며, 이를 바탕으로 삼는다면 다른 공시 체계의 요구 사항도 쉽게 충족할 수 있기 때문이다.

GRI와 TCFD

GRI와 TCFD는 각 특성에서 중요한 차이가 있다. GRI는 정확한 지표를 제공하며, 기업이 어떤 항목을 어떤 단위와 범위로 보고해야 하는지를 명확히 규정한다. 이로 인해 기업들은 GRI의 가이던스에 따라 구체적인 성과를 정량적 또는 정성적으로 보고할 수 있다. 반면, TCFD는 원칙과 지침을 기반으로 하며, 기업이 설정한 내부 기준을 바탕으로 자유롭게 방법론을 적용할 수 있다. TCFD는 '어떻게 기후 리스크를 표현할 것인가'라는 방법론에 집중할 뿐, 측정 단위나 보고 범위를 엄격히 규제하지 않는다. 이와 같은 유연성은 기업들이 자체적으로 판단해 보고서를 작성할 수 있는 장점을 제공한다.

흥미로운 점은 TCFD 역시 GRI를 기반으로 만들어졌다는 점이다. GRI가 제공하는 포괄적인 지표들은 TCFD의 기후 리스크 지침과 자연스럽게 연결된다. 따라서 기업이 GRI를 충분히 이해하고 활용할 경우, TCFD의 요구를 쉽게 충족할 수 있다. 이는 기업들이 GRI를 학습하고 활용해야 하는 이유를 더욱 명확히 해준다. 실무적으로도 GRI를 중심에 두고 ESG 전략을 설계하면, TCFD와 같은 기후 관련 지침에도 효과적으로 대응할 수 있다.

결국 ESG 보고서 작성의 핵심은 GRI와 TCFD를 이해하고 활용하는 데에 있다. GRI는 구체적인 지표를, TCFD는 기후 리스크에 대한 지침을 제공하며, 두 프레임워크는 상호 보완적인 역할을 한다. 기업들은 GRI와 TCFD를 바탕으로 명확하고 체계적인 보고서를 작성함으로써, 글로벌 평가와 규제에 효과적으로 대응할 수 있다.

단계별 공시 기준 학습 과정

GRI → GHG 프로토콜(기업표준) → IFRS S1·S2 → GHG 프로토콜 (Scope 3)

ESG 실무를 체계적으로 학습하기 위해서는 GRI → GHG 프로토콜(기업표준) → IFRS S1·S2 → GHG 프로토콜(Scope 3) 순으로 접근하는 것이 가장 합리적이다. 이는 ESG 공시의 전반적인 개념과 기본 원칙을 이해한 후, 보다 정량적인 온실가스(GHG) 회계 및 글로벌 공시 기준을 심층적으로 학습하는 구조를 따른다.

먼저, GRI 표준은 ESG 공시의 기초적인 틀을 제공하며, 기업이 지속가능성 정보를 공개하는 기본적인 방법론을 익힐 수 있도록 돕는다. GRI는 EU의 ESRS, IFRS ISSB 기준(S1·S2), 미국 SEC 규정 등 다양한 글로벌 공시 기준과 높은 연계성을 가지므로, ESG 보고 체계를 처음 학습하는 단계에서 필수적으로 이해해야 한다. 이후, GHG 프로토콜(기업 표준)을 학습함으로써 온실가스 배출량 산정의 기본 원칙과 기업 회계 기준을 익히게 된다. 이는 IFRS S2 및 ESRS E1 등에서 온실가스 회계를 필수적으로 요구하는 만큼, ESG 공시에서 가장 중요한 환경 데이터 관리 능력을 갖추는 과정이라 할 수 있다.

그다음 IFRS S1·S2를 학습하면 ESG가 재무 정보와 어떻게 연결되는지 이해할 수 있다. 특히, IFRS S1과 IFRS S2는 투자자 중심의 공시 체계를 규정하며, GHG 프로토콜을 기반으로 기후 리스크와 배출량 공개를 요구한다. 마지막으로, GHG 프로토콜 Scope 3를 학습하면 공급망 및 가치사슬 전반의 온실가스 배출량을 정량적으로 분석할 수 있는 능력을 갖추게 된다. Scope 3 배출량은 대기업뿐만 아니라 공급업체와 협력사에도 점점 더 요구되고 있는 항목이므로, ESG 실무자가 필수적으로 학습해야 할 영역이다.

즉 이러한 학습 순서는 ESG 보고의 기본 개념에서 시작해, 정량적 데이터 관리 및 글로벌 공시 기준을 점진적으로 익힐 수 있도록 설계된 논리적인 접근 방식이라 이야기할 수 있다.

🍃 형식보다 본질에 집중하라

ESG 보고서가 점점 더 많은 기업에서 필수적인 경영 도구로 자리 잡으면서, 그 형태와 작성 방식에 대한 고민도 깊어지고 있다. 많은 기업들이 ESG 보고서의 형식에 지나치게 신경을 쓰는 경향이 있지만, 사실 보고서의 형태는 정해진 것이 아니다. 핵심은 보고서의 구조와 내용이 ESG 기준을 충족하고, 평가 기관의 요구에 부합하도록 작성되는 것이다. GRI의 가이드라인에 맞는 내용을 포함하기만 하면 충분히 보고서로서의 역할을 수행할 수 있다.

이러한 보고서는 반드시 형태가 아름답게 꾸며진 사보처럼 보일 필요는 없다. 간결한 모양새로 작성된 보고서라도 평가 기준에 부합한다면 충분히 인정받을 수 있다. 다만, ESG 보고서는 동시에 기업의 지속 가능성에 대한 진정성과 노력을 외부 이해관계자에게 효과적으로 전달하는 수단이기도 하다. 이 과정에서 보고서의 형식적 완성도와 시각적 요소는 기업의 브랜드 이미지와 ESG 마케팅 측면에서도 중요한 역할을 할 수 있다. 그럼에도 불구하고, 일부 공공기관과 기업들이 형식적인 완성도에 과도하게 집착해 내용이 아닌 단순 형식의 문제로 보고서를 반려하는 관행은 보고서 작성의 본질을 흐리게 할 위험이 있다고 조심스럽게 지적하고 싶다.

ESG 보고서의 본질적인 목적은 평가 대응, 경영의 투명성 확보, 지속 가능한 경영으로의 체질 개선을 지원하는 데 있다. 동시에 보고서가 외부 이해관계자들에게 기업의 ESG 비전을 효과적으로 전달할 수 있도록 내용과 형식이 조화를 이루는 접근이 필요하다.

한편 국제회계기준IFRS 재단의 ISSB와 같은 경우 보고서를 재무제표와 통합하려는 시도를 하고 있다. 회계사들이 주도하는 이러한 논의에서는 ESG 데이터를 별도의 화려한 보고서로 작성하기보다는 비재무적 요소를 재무제표나 연차 보고서에 통합해 간단히 표기하는 것을 선호한다. 이는 기업들이 재무 리스크를 물리적·전환 리스크로 환산해 숫자로 표현하는 방식을 도입하여, ESG 데이터를 경영 전략과 직접 연결하려는 시도와 맞닿아 있다. 이러한 다양한 형식이 등장할 수 있다는 것은 곧 ESG 보고서 형식에 얽매일 필요가 없음을 다시 한 번 방증하는 것이다.

그렇지만 기업들이 ESG 보고서를 통해 평가 대응을 준비하는 현실적인 상황도 간과할 수 없다. ESG 보고서의 90%가 외부 평가 대응을 목적으로 작성된다. 예를 들어, 다우존스 지속가능경영지수Dow Jones Sustainability Index; DJSI와 같은 평가 지표에서는 인권 영향평가의 결과를 묻는다. 이 경우, 인권 정책이 회사 홈페이지에 이미 게시되어 있더라도 보고서에 다시금 명시적으로 언급하는 것이 더 유리하다. 또한 평가 담당자들이 쉽게 확인할 수 있도록 보고서 내 특정 페이지에 근거를 링크 형태로 추가 제시하면 평가 점수를 높이는 데 도움이 될 수 있다. 간단하게 링크만 제공하는 대신 책자에 이를 다시 명시하는 이유는 평가자들의 편의성을 높여 점수에 긍정적으로 반영되도록 유도하기 위함이다.

현대자동차 2025년 지속가능경영 정책[15]
(좌) 인권 헌장 (우) 다양성 및 포용성 정책

이와 같은 방식이 형식적인 것으로 보일지도 모른다. 그러나 이는 과정에서의 불합리를 새로 만들어내어 과정을 비효율적으로 만드는 경우가 아니라, 과정에서 발행하는 일부 인적 요소들을 이용하는 것일 뿐이다. 결국 일을 하는 것은 우리와 같은 사람이라는 점을 잊어서는 안 된다. 한편 요식 행위로 ESG 평가에 대응하는 행위조차도 기후 위기 대응과 지속가능한 경영을 실현하는 시작점이 될 수 있음을 잊어서는 안 된다. 기업들은 평가 대응을 위해 보고서를 작성하지만, 그 과정에서 경영 전략과 사회적 책임을 점검하고 개선할 기회를 얻는다. 이는 단순히 점수를 위한 보고서를 넘어, 장기적인 ESG 목표 달성을 위한 과정으로 기능할 수 있다.

---

15) https://www.hyundai.com/kr/ko/sustain-manage/manage-system/esg-policy

결국, ESG 보고서 작성은 그 형태가 중요한 것이 아니라 그 안에 담긴 내용과 전략적 의도가 핵심이다. 기업들은 형식에 집착하기보다 보고서를 통해 명확한 경영 성과와 ESG 전략을 전달하는 데 집중해야 한다.

🍃 시나리오 분석 및 이해관계자 세분화 전략

ESG 공시에서 기업들은 이미 발생한 과거의 사건에 집중하는 것이 아니라, 미래에 발생할 수 있는 리스크를 예측하고 대비하기 위해 시나리오 분석을 수행한다. 이러한 분석은 공급망 내에서 발생 가능한 문제를 예측하고 해결책을 준비하는 과정에서 중요한 역할을 한다.

기업들이 시나리오 분석을 진행하는 목적은 크게 세 가지로 나뉜다. 첫 번째는 이해관계자들의 이익을 보호하기 위한 것이다. 두 번째는 리스크 관리를 통해 예상치 못한 위험을 최소화하고, 마지막으로 경생력을 확보하기 위해 밸류체인 전반에서 ESG 경영을 통합하는 것이다. 현재 대부분의 기업들은 공급망을 중심으로 ESG 실사를 수행하지만, 점차 가치 사슬 중심의 관리로 형태를 전환하는 단계에 있다.

한편, ESG 경영에서 이해관계자는 중요한 요소이나 그 수가 많고 세분화되어 있는 것이 항상 효과적이지만은 않다. 기업들은 ESG 성과를 명확히 하기 위해 내부와 외부 이해관계자를 세분화하는 경향이 있다.

예를 들어, 내부 이해관계자를 5개, 외부 이해관계자를 10개 이상으로 쪼개는 식이다. 그러나 모든 경우에 이러한 세분화가 최적의 전략이 되는 것은 아니다.

이해관계자의 구분은 기업의 산업 특성과 목적에 따라 달라진다. 공공기관의 경우 다양한 이해관계자의 의견을 반영하는 것이 필수적일 수 있다. 반면, 전자제품 제조업체나 건설기계 산업에서는 지나친 이해관계자 세분화가 오히려 효율성을 떨어뜨릴 수 있다. 롯데쇼핑, 신세계, 쿠팡과 같은 리테일 기업에서는 세분화된 이해관계자가 기업의 보고서와 마케팅 전략에 긍정적인 영향을 미칠 수 있다. 리테일 기업들은 소비자, 협력사, 환경 단체 등 여러 이해관계자들과의 소통이 중요하기 때문이다.

산업군	주요 이해관계자	특징 및 고려사항
리테일 산업 예 롯데쇼핑, 신세계, 쿠팡	소비자, 협력업체, 물류 기업, 환경 단체, 지역사회, 정부기관	소비자 중심의 ESG 전략이 핵심. 공급망 내 협력업체의 지속 가능성 관리가 중요하며, 친환경 패키징, 탄소 중립 물류 시스템 구축 등의 요소가 ESG 보고서에서 강조됨
제조 산업 예 전자제품, 자동차, 건설기계	투자자, 공급망 협력업체, 규제 기관, 노동조합, 지역사회	공급망 ESG 관리가 주요 이슈. 탄소 배출 저감, 윤리적 원자재 조달, 노동 환경 보호 등이 핵심 과제이며, 과도한 이해관계자 세분화보다는 실질적인 관리가 중요
공공기관 예 지방자치단체, 공기업, 공공 연구소	시민, 정책 결정자, NGO, 학계, 미디어	공공의 책임성과 투명성이 가장 중요한 요소. 다양한 이해관계자의 의견을 반영해야 하며, 특히 지역사회와 시민의 요구를 반영한 ESG 정책이 필요

산업별 주요 이해관계자 분석 예시

이러한 시나리오 분석과 이해관계자 관리 전략은 기업의 보고서 작성에도 직접적인 영향을 미친다. 시나리오 분석은 단순한 예측 도구가 아니라, 기업이 미래의 리스크와 기회를 체계적으로 파악하고 이에 대비할 수 있는 전략적 접근법이다. 특히 ESG 경영에서 시나리오 분석은 공급망 내외에서 발생할 수 있는 다양한 가능성을 다각적으로 검토하여 이를 기반으로 이해관계자와의 신뢰를 구축하는 데 기여할 수 있다.

예를 들어, 기후 변화 시나리오는 기업이 특정 온도 상승 상황에서 공급망이나 자원 조달이 어떻게 영향을 받을지를 예측하도록 돕는다. 이를 통해 기업은 리스크를 사전에 파악하고, 탄소 배출 저감 목표를 설정하거나 에너지 전환 전략을 수립하는 등의 대응 전략을 고려할 수 있다. 또한, 사회적 리스크 시나리오는 노동 환경 변화, 규제 강화, 지역 사회의 요구 등을 고려해 기업이 어떻게 대응해야 할지를 설계할 수 있도록 한다. 이러한 분석 결과는 보고서 작성 과정에서 기업의 준비성과 투명성을 보여주는 근거가 된다.

시나리오 분석을 활용한 사례로 국내 화학 대기업 모 사를 들 수 있다. 해당 기업은 공급망 내 ESG 리스크를 사전에 분석하여 이에 대비하는 전략을 실행하고 있다. 온실가스 배출량 증가에 따른 규제 강화를 예상하여 협력업체들의 탄소 배출량을 측정LCA하고, 저탄소 솔루션을 제공하는 한편, 중소 협력업체들에게 에너지 절감 설비와 ESG 컨설팅을 지원하는 방식이다. 또한, 글로벌 원자재 공급망의 불안정을 고려해 분쟁광물 관리 시스템을 도입하고, 환경·윤리 리스크를 관리하는 등 다양한 가능성을 고려한 대응책을 마련하고 있다.

이러한 시나리오 분석 방식은 중소기업에서도 충분히 활용될 수 있다. 예를 들어, 자동차 부품을 제조하는 A사가 있다고 해 보자. A사는 주요 고객사인 글로벌 완성차 기업들이 공급망 내 탄소 배출 감축을 요구한다는 점을 인지하고, 이에 맞춰 사전에 대응 전략을 마련할 수 있다. 구체적으로, 공정별 탄소 배출량을 사전 분석하여 감축 목표를 설정하고, 에너지 효율이 높은 장비를 도입하거나 재생에너지를 활용하는 방식으로 고객사의 요구에 선제적으로 대응할 수 있다. 이를 통해 A사는 단순히 고객사의 기준을 맞추는 것에 그치지 않고, ESG 실적을 개선하여 새로운 비즈니스 기회를 확보할 수도 있다.

또 다른 예로, 글로벌 시장에 원단을 공급하는 B사를 생각해 보자. 최근 유럽연합은 공급망 실사 지침CSDDD을 도입하여 기업들이 공급망 내 인권·환경 영향을 평가하고 개선하도록 요구하고 있다. B사는 이러한 규제가 자사의 유럽 시장 진출에 영향을 줄 수 있음을 인지하고, 공급망 내 노동 환경과 친환경 원단 사용 실태를 점검하는 시나리오 분석을 진행할 수 있다. 이를 통해 노동 기준을 강화하고 친환경 인증을 받은 원료 사용을 확대하는 전략을 도입하면, 규제 리스크를 최소화하는 동시에 글로벌 패션 브랜드와의 협업 기회를 늘릴 수 있다.

이처럼 기업들은 산업별 특성과 직면한 주요 리스크를 기반으로 시나리오 분석을 체계적으로 수행해야 하며, 그 결과를 명확하고 정확하게 보고서에 반영해야 한다. 이는 단순히 이해관계자를 나열하는 데 그치지 않고, 시나리오 분석을 통해 도출된 결과를 공시와 운영에 반영함으로써 구체적이고 실질적인 ESG 전략을 제시하는 데 기여할 수 있다. 기업이 제공하는 정보는 이해관계자와의 신뢰를 형성할 뿐 아니라 경쟁력을 강화하고 지속 가능한 경영을 실현하는 데 중요한 역할을 수행한다.

한편, 시나리오 분석을 지나치게 어렵게 받아들일 필요는 없다. 앞서 살펴본 A사와 B사의 가상 사례처럼, 기업이 직면할 수 있는 규제 변화나 시장 요구를 예측하고 이에 대한 대응 전략을 미리 수립하는 것만으로도 ESG 경영에서 한 걸음 앞서 나갈 수 있다. 복잡한 산식을 활용하지 않더라도, 중학생도 이해할 수 있을 정도의 명료한 근거를 바탕으로 단순한 산술을 통해 1차적인 리스크 분석을 수행하는 것만으로도 충분하다.

위험 유형별 분석 매트릭스

위험 유형	세부 분류	중소기업 주요 사례	재무영향 계산 난이도
물리적-급성	태풍, 홍수, 가뭄	공장 침수, 원료 공급 중단	중
물리적-만성	기온상승, 해수면상승	냉방비 증가, 해안 공장 이전	하
전환-정책	탄소세, 배출규제	탄소비용 부담, 인허가 강화	상
전환-시장	고객 요구 변화	친환경 제품 수요 증가	중
전환-기술	저탄소 기술 전환	기존 기술 obsolete	상
전환-평판	브랜드 이미지	환경 이슈로 인한 매출 감소	중

재무영향 계산 가이드

계산항목	난이도	필요 데이터	계산 방법	예시
비용증가	하	현재 비용, 증가율	현재 비용×(1+증가율)	전력비 100만원×1.2 =120만원
매출감소	중	매출액, 감소 시나리오	매출액×감소율 ×영향 기간	연매출 10억×5%×3년 =1.5억
투자비용	중	설비 비용, 공사비	직접비+간접비 +금융비용	태양광 설치 2억 +공사비 3천만
기회수익	상	시장 규모, 점유율	시장 규모×예상 점유율 ×수익률	친환경 시장 100억 ×1%×20%

🌿 ESG 평가와 보고 시기

ESG 평가는 기업의 중요한 연간 업무 주기로 자리 잡고 있다. 일반적으로 대기업들은 4월부터 평가를 시작하며, 이때부터 10월까지 평가 결과를 확인하거나 필요한 자료를 수집해 분석한다. 그러나 이 과정에서 기업들이 준비를 시작해야 하는 시점은 연초부터다. ESG 경영이 다른 경영 과제들과 함께 진행되기 때문에, 실질적으로는 4~6월 사이에 평가와 보고서 작성 준비를 완료해야 한다. 불가피하게 준비가 늦어지더라도 7월 중순 내로는 반드시 마무리해야 한다.

대기업들은 협력사들에게 2월 또는 3월까지 자료 제출을 요구하는 경우가 많다. 이는 대기업들이 4월에서 7월 사이에 보고서를 완성해야 하기 때문이다. 협력사들이 자료 제출을 지연하면 대기업은 보고서 작성과 피드백 과정에서 차질을 빚게 된다. 따라서 협력사들에게 일정을 맞추기 위해 빠르게 준비할 것을 요구하지만, 이로 인해 협력사들에게는 과도한 업무 부담이 가중될 수 있다.

협력사 입장에서는 대기업의 일정에 맞추기 어려운 경우도 많다. 협력사가 충분한 여유 없이 준비해야 할 경우 담당자들이 업무 과중을 호소하거나 문제를 발생시킬 수 있기 때문이다. 이 때문에 대기업들은 지금까지는 비교적 유연한 대응을 취하며 협력사들에게 선택적 자료 제출을 허용해왔다. 그러나 ESG 경영의 중요성이 높아지고, 공급망 평가가 더욱 정교해지면서 앞으로는 이런 유연성을 기대하기 어려울 가능성이 높다.

대기업들이 협력사들의 ESG 성과를 직접 분석하려면 전년 대비 개선된 부분과 악화된 부분을 모두 확인해야 한다. 교차검증을 통해 이러한 관리의 신뢰도를 높일 수 있도록 대기업들은 점차 직접 보고서를 제출받는 것과는 별개로, 협력사들이 외부 기관에서 자체 평가를 받고 그 결과를 제출할 것을 요구하는 추세다. 에코바디스와 같은 평가 기준을 통해 공급망을 관리하는 GM과 현대자동차가 그 예시다. 이처럼 협력사가 추가적인 평가 과정을 거치게 하여 대기업들은 공급망 관리 능력을 향상시키고 자료의 신뢰성을 확보할 수 있게 된다.

결국 대기업들은 ESG 평가가 경영의 필수 항목으로 자리 잡음에 따라 협력사들에게 더욱 엄격한 기준을 적용할 가능성이 크다. 향후에는 협력사들도 ESG 경영을 미리 준비하고, 지속적인 개선과 데이터 관리를 통해 평가에 대응해야 할 필요성이 높아질 것이다. 협력사의 경우 이러한 상황을 고려하여, ESG 보고 및 평가에 있어 대기업보다도 더 선제적으로 대응해야만 살아남을 수 있을 것이다.

🌐 RE100과 CF100

　RE100과 CF100은 기업들이 사용하는 에너지원과 탄소 감축 목표에서 중요한 차이점을 가진다. 먼저, RE100은 기업이 재생에너지를 구매함으로써 탄소 배출을 상쇄Offset할 수 있는 프로그램이다. 즉, 재생에너지 사용을 통해 온실가스 배출량을 줄이거나, 타 지역에서 감축한 탄소 배출을 자사의 성과로 인정받는 방식이다. RE100의 핵심은 돈으로 배출권이나 재생에너지를 구매해 탄소 배출을 상쇄할 수 있다는 데에 있다.

　반면 CF100Carbon Free 100은 그보다 더 강력한 개념으로 무탄소 에너지만을 사용해 '탄소 배출 제로'를 달성하는 것을 목표로 한다. CF100에서는 단순한 재생에너지 사용을 넘어 원자력 에너지와 청정 수소 같은 무탄소 에너지원이 포함된다. 특히 초소형 원자로SMR와 같은 신기술이 이 프로그램의 중요한 요소로 부각된다. CF100은 RE100보다 더 광범위한 개념으로, 한국이 CF100을 지지하는 이유는 원자력과 청정 수소의 활용을 염두에 두고 있기 때문이다.

　탄소 감축 목표를 보다 상세히 들여다보면 이를 분명히 알 수 있다. 현재 한국은 NDC국가 온실가스 감축 목표를 통해 2030년까지 2018년도 탄소 배출량 대비 40%를 감축해야 하는 상황이다. 다시 말해, 약 2.91억 톤의 탄소를 감축해야 한다. 산술적으로 이는 애드벌룬 약 29억 개를 띄울 수 있는 양[16]이며, 약 3억 명의 탄소 배출량이 상쇄되어야 달성할 수 있는 규모[17]다.

탄소 감축 목표를 달성하는 것은 의무사항은 아니지만, 달성하지 못하는 경우 국가 신뢰도가 하락하게 된다. 이에 따라 연쇄적으로 CBAM 등의 글로벌 규제에 있어서도 불리한 조건을 획득할 수 있기에 국가 입장에서는 기업의 참여를 촉구할 수밖에 없다.

오프셋 개념과 시장 메커니즘

오프셋Offset은 다른 장소에서 발생한 탄소 감축량을 자사의 배출 감축량으로 인정받는 시장 메커니즘을 의미한다. 예를 들어, 기업이 해외 산림 조성이나 탄소 배출권 구매를 통해 자사의 탄소 배출을 상쇄할 수 있다. 이는 RE100에서 중요한 개념이며, 돈으로 탄소 감축 성과를 사고 팔 수 있는 구조를 형성한다. 이러한 오프셋 메커니즘은 파리협정에서도 강조되며, 국제 시장에서 탄소 거래를 통해 배출량을 조정할 수 있는 도구로 활용되고 있다.

---

16) 애드벌룬은 50m^2당 온실가스를 0.1톤씩 저장할 수 있다. 29.1억 톤의 온실가스를 감축하는 것은 50m^2 규모의 애드벌룬 29.1억 개를 하늘에 띄울 수 있는 양과 같다.

17) 가구 당 연간 탄소 배출량은 약 3톤으로, 29.1억 톤의 온실가스를 감축하기 위해서는 1억 가구의 배출량이 감축되어야 한다. 이를 인구로 따지면 약 3억 명이 배출하는 규모의 탄소가 감축되어야 하는 것이다.

이러한 메커니즘은 기업의 에너지 효율 향상이나 CCUS탄소 포집 및 저장 기술와 같은 구체적인 기술 성과와도 연계된다. 그러나 이런 기술적 부분은 환경 관리 담당자들이 주로 다루는 영역이다. ESG 공시 담당자는 전체적인 구조를 이해하고 담당 부서와 협력하여, 보고서에 필요한 데이터를 수집하고 조율하는 역할을 수행해야 한다.

ESG 담당자의 주된 임무는 RE100과 CF100 같은 목표와 메커니즘을 이해하고 담당 부서와 소통하는 것이다. 담당 부서가 제시한 옵셋 계획을 검토하고 필요한 부분을 조정하여, 보고서 작성 시 명확하게 반영하는 것이 중요하다. ESG 담당자의 역할은 복잡한 기술적 이슈를 직접 다루지 않더라도, 전체적인 맥락과 방향성을 이해하는 것이다. RE100과 CF100이 탄소 중립 목표에 어떻게 기여하는지를 명확히 파악하고, 각 부서의 협력을 통해 성과를 극대화하는 것이 중요하다. 이는 단순한 공시가 아닌, 기업의 전략적 경영 방향과 연결된다.

기업들은 두 개념의 차이를 이해하고 이를 전략적으로 활용할 수 있어야 한다. RE100을 먼저 달성하고 나아가 CF100으로 발전하는 과정은 기업의 탄소 중립과 지속 가능한 성장을 위한 필수적인 단계다. ESG 담당자는 이러한 과정에서 내부 부서 간 조정을 주도하고, 명확하고 일관된 보고서를 작성함으로써 글로벌 평가와 규제에 대응해야 할 것이다.

3장
지속 가능한
ESG 경영을 위한 로드맵

결국, 실무 차원에서 ESG 경영의 주요 과제는 세 가지다. 관리 체계 구축, 평가 대응, 그리고 시스템을 활용한 지속적 관리다. 각 회사의 상황에 따라 맞춤형 시스템을 만들어 데이터를 수집 및 관리하고, 보고서를 작성해 평가에 대응한다. 차후 평가 대응 결과에 따라 시스템을 새로 개선한다. 이런 과정을 계속 반복한다. 이러한 선순환이 탄탄하게 구축되었을 때 비로소 ESG 경영 원리가 회사의 내부에 자리잡았다고 이야기할 수 있을 것이다.

🍃 ESG 경영 로드맵

ESG 컨설팅을 진행할 때, 나는 다섯 단계의 프로세스를 기반으로 체계적인 경영 구조를 구축해왔다. 이 과정은 다음과 같이 구성된다.

 **ESG 컨설팅 5단계**

① 데이터 수집 및 관리
② ESG 수준 진단
③ 정책, 전략 및 목표 수립
④ 관리 체계 구축
⑤ 평가 대응(보고서 작성)

한편 기업이 외부 컨설팅 없이 내부에서 직접 ESG 경영을 도입하고자 할 때는, 'ESG 수준 진단(② 항목)'을 제외한 네 가지 단계로 나누어 진행할 수 있다.

 **ESG 경영 도입 4단계**

① 데이터 수집 및 관리
② 정책, 전략 및 목표 수립
③ 관리 체계 구축
④ 평가 대응(보고서 작성)

이제 자신의 기업에 맞는 ESG 경영 시스템의 기틀을 구상해볼 때다. 기업의 특성과 경영 환경에 맞춰 이러한 구조를 설계하는 과정은 단순한 이론을 넘어 실질적인 실행 전략으로 발전해야 한다. 이 과정에서 ESG 담당자와 기업 대표의 역할이 핵심적이다. 이들은 주도적으로 기업의 내부 역량과 외부 요구를 조율하여, 맞춤형 ESG 경영 구조를 설계하고 실행할 책임을 지닌다.

ESG 경영의 성공은 단발적인 성과가 아니라 체계적인 프로세스를 구축해 지속적으로 개선하는 데 있다. 각 단계에서 명확한 목표를 설정하고 일관되게 실행할 때, 기업은 단순히 평가 대응에 그치지 않고 장기적인 경쟁력을 확보하게 된다. 또한, 이런 체계적 접근은 대기업의 실사와 외부 평가에서도 우수한 성과를 보일 수 있는 기반이 된다.

🍃 1) 데이터 수집 및 관리

데이터의 정확성은 ESG 공시의 실효성을 높이기 위한 핵심 요소이다. 이를 위해서는 체계적인 수집 체계와 관리 시스템이 필요하다. 공시를 위한 ESG 경영은 새로운 프로젝트를 추진하는 것이 아니라, 기존에 해 오던 것들을 명확하게 정리하고 관리하는 데 중점을 둬야 한다. 기업이 ESG 경영을 도입하기 위해서는 먼저 ESG 목표 설정을 위한 기반 데이터를 확보하고 이를 체계적으로 관리해야 한다.

기업이 ESG 경영을 도입하기 위해서는 먼저 ESG 목표 설정을 위한 기반 데이터를 확보하고 이를 체계적으로 관리해야 한다. 이해관계자 요구사항, 글로벌 ESG 공시 기준(GRI, SASB, TCFD 등) 등을 반영하여 데이터를 수집하는 과정에서 기업의 ESG 현황을 객관적으로 파악할 수 있다. 수집된 데이터는 ESG 전략 및 목표 설정 과정에서 필수적인 근거 자료로 활용되며, 기업의 산업 특성과 이해관계자의 기대치를 분석하여 ESG 중점 관리 이슈를 도출해야 한다.

또한, 단순한 데이터 축적이 아니라, 이를 기반으로 기업의 ESG 현황을 진단하고 전략적 목표를 설정하는 것이 중요하다. 기업이 설정하는 ESG 목표는 선언적 의미에 그치는 것이 아니라, 실제 경영 활동과 연결될 수 있도록 정량적·정성적 데이터를 모두 반영해야 한다. 특히, 기업의 재무 및 비재무 요소를 고려하여 ESG 성과 지표를 설정하고, 달성 가능한 중·장기 목표를 수립해야 한다.

이처럼 수집된 데이터는 ESG 전략 및 목표 설정 과정에서 필수적인 근거 자료로 활용된다. 기업은 현재의 ESG 수준을 면밀히 검토하고, 부족한 부분을 보완할 수 있는 방향으로 ESG 중점 관리 이슈를 도출해야 한다. ESG 경영이 기업의 지속가능한 성장과 연결될 수 있도록 데이터의 신뢰성과 일관성을 유지하는 것이 필수적이며, 이를 기반으로 목표를 설정하고 지속적으로 개선해 나가는 과정이 요구된다.

🌿 2) 정책, 전략 및 목표 수립

 ESG 경영이 지속 가능하고 실효성 있게 작동하기 위해서는 기업이 명확한 가치와 목표를 설정하고, 이를 실현할 수 있는 정책을 수립하는 과정이 필수적이다. ESG 정책이란 기본적으로 기업의 선언이며, 지속 가능성을 위한 다짐이다. 정책 문서에서 흔히 사용되는 "우리는 ~한다"라는 표현은 단순한 목표 제시가 아니라, 기업이 이를 실천하겠다는 의지를 공식적으로 밝히는 것이다. 따라서 ESG 정책은 단순한 방향 설정이 아니라, 기업이 내부적으로 준수해야 할 기준을 정립하고 외부 이해관계자들에게 신뢰를 제공하는 역할을 한다.

 이때 중요한 점은 ESG 전략 및 정책을 경영전략 및 정책과 별개로 나눌 필요가 없다는 것이다. ESG 경영을 경영원리로 생각하고, 하나의 전략 및 정책으로 구성하는 것이 가장 효율적인 방법이다. 이러한 통합적 접근은 ESG가 단순한 부가적 요소가 아닌 핵심 경영 활동의 일부로 자리잡을 수 있도록 돕는다.

 이러한 정책은 기업의 가치관과 비전을 반영해야 하며, 경영 전략과 긴밀히 연결될 때 실질적인 의미를 갖는다. 기업의 규모나 업종에 따라 ESG 정책의 초점이 다를 수 있지만, 모든 정책은 궁극적으로 기업의 운영 방식과 문화를 변화시키는 기반이 되어야 한다. 예를 들어, 탄소 배출 감축을 목표로 삼은 기업이라면 단순히 친환경 기술을 도입하는 데 그치는 것이 아니라, "우리는 2030년까지 탄소 배출을 50% 감축한다"와 같은 구체적인 약속을 명시해야 한다. 이를 통해 기업은 내부적으로 ESG 기준을 준수하고, 외부적으로는 지속 가능성을 위한 책임을 다하는 모습을 보일 수 있다. ESG 정책을 체계적으로 수립하기 위해서는 명확한 목표 설정, 일관된 정책 구성, 실현 가능한 실행 계획이 필요하다. 환경, 사회, 거버넌스 각 분야에서 목표를 구체화하고, 이를 기업의 핵심 사업 및 운영 방식과 연계하여 실질적인 효과를 거둘 수 있도록 해야 한다.

이러한 ESG 정책이 선언에 그치지 않고 기업 문화와 경영 프로세스에 내재화되기 위해서는 공식적인 문서화와 실행 체계가 뒷받침되어야 한다. ESG 정책은 기업 내부뿐만 아니라 외부 이해관계자와도 공유될 수 있도록 명문화되어야 하며, 구체적인 목표, 담당 부서 및 책임자, 평가 기준, 실행 방안 등이 포함되어야 한다. 탄소 배출 감축을 목표로 할 경우, 감축 방식, 측정 지표, 목표 달성 여부를 평가하는 기준이 명확해야 한다. 이를 통해 ESG 경영이 일관성을 유지하며 실질적인 변화를 이끌어낼 수 있다.

지속적인 교육과 내부 소통도 ESG 정책 도입에 있어 중요한 요소다. ESG가 기업 내에서 문화로 뿌리를 내리기 위해서는 모든 직원이 이를 이해하고 또 실천할 수 있어야 한다. 이를 위해 ESG 워크숍을 정기적으로 개최하거나, 부서별 ESG 담당자를 지정하여 실무적 실행력을 높이는 방안을 고려할 수 있다.

기업이 ESG 정책을 수립하고 실행하는 과정에서는 현재의 사업 구조와 공급망, 규제 환경을 철저히 분석하는 것이 필요하며, 동시에 미래의 성장 방향과 시장 변화도 고려해야 한다. ESG 경영은 기업이 직면한 단기적 리스크를 줄이는 동시에 장기적인 경쟁력을 강화하는 전략적 요소이므로, 현재의 경영 상황과 미래의 지속 가능성을 함께 반영하는 것이 중요하다. 이를 통해 ESG 정책이 단순한 규제 준수를 넘어 기업의 지속 가능한 성장과 가치 창출을 위한 기반이 될 수 있다.

이러한 정책 수립 과정을 잘 보여주는 것이 앞서 서술한 서울산업의 사례다. 서울산업은 글로벌 ESG 기준과 국내외 법규를 참고하면서도, 기업의 사업 구조와 형태을 고려한 현실적인 접근을 통해 자체적인 정책을 만들 수 있었다. 인권 정책의 경우, UN 지속가능발전목표SDGs, 국제노동기구ILO 핵심 협약, OECD 다국적기업 가이드라인, 국내 공공기관 인권경영 매뉴얼 등을 기반으로 기업의 실정에 맞게 조정하여 수립했다. 이를 통해 협력사 및 직원들의 인권 보호 원칙을 명확히 하고, 실제 경영에 반영할 수 있도록 했다.

서울산업의 접근 방식은 ESG 정책이 실제 운영 과정과 연결될 때 비로소 의미를 가진다는 점을 보여준다. 정책 수립을 통해 ESG 활동의 근거를 마련하고, 이를 바탕으로 기업이 주도적으로 지속 가능성을 실현하는 체계를 구축한 것이다. 서울산업은 평가 대응 뿐만 아니라 장기적인 경쟁력을 확보할 수 있는 방법을 고려해, 독자적으로 그리고 지속적으로 운영 가능한 체계를 만들고자 노력한 긍정적인 사례 중 하나다.

3) 관리 체계 구축

지금까지 ESG의 핵심이 기본적으로 '관리'에 있다는 것을 꾸준히 강조해 왔다. 체계적인 관리 시스템을 구축하고, 이를 기반으로 일관된 운영 방안을 마련하는 것은 ESG 도입 과정에서 특히 중요하다. 기업의 규모와 사업 구조에 맞는 운영 체계를 수립하고, 장기적으로 ESG 전략을 지속적으로 개선해 나가는 것이 중요하다.

ESG 관리 체계 구축을 위해서는 먼저 자사의 ESG 상황을 명확히 분석해야 한다. 기업의 규모, 사업 모델, 공급망 구조 등을 고려하여 ESG 경영의 방향성을 설정하는 것이 필요하다. 협력업체로부터 ESG 요구를 받고 있는 기업이라면, 협력사 관리 및 공급망 ESG 실사(Scope 3)를 우선적으로 고려해야 한다. 반면, 해외 진출을 계획하고 있는 기업이라면 EU의 지속가능성 보고 지침CSRD과 같은 글로벌 규제에 대응하는 전략이 요구된다. 이러한 분석 과정을 통해 기업이 ESG를 도입하는 목적과 필요한 대응 방향을 명확히 할 수 있으며, 이를 바탕으로 효과적인 관리 체계를 마련할 수 있다.

데이터 관리 체계는 대기업의 실사나 외부 평가에서 신뢰성과 일관성을 보장할 수 있는 근간이다. 가능하다면 시스템 도입 초기부터 데이터 관리 서식 등을 제작하여 지정 담당자가 품을 많이 들이지 않아도 데이터를 효율적으로 관리할 수 있도록 하는 것이 좋다. 이러한 추가 작업이 현실적으로 어려운 상황이라면, 통합하여 문서화되지 않았던 ESG 관련 자료들, 예를 들어 근로기준법 준수 내역이나 개인정보 관리 현황과 같은 자료들을 공식 자료화할 수 있는 간단한 체계를 도입하는 식으로 시작할 수도 있다.

실무자를 위한 문서화 가이드

1 문서화 필수 요건

문서화의 기본 요소는 기업 내부에서 일관된 기록을 유지하고, 공식적인 자료로 활용될 수 있도록 만드는 데 있다. 이를 위해 다음 항목을 반드시 포함해야 한다.

- 회사 로고 삽입 : 문서의 공식성을 부여하기 위해 기업의 로고를 포함해야 한다.
- 문서 관리번호 기재 : 문서 식별을 위해 내부 관리번호(예 ESG-2025-001)를 지정하여 일관되게 관리한다.
- 결재 방식 명확화 : 사내 ERP 시스템에서 기안문으로 승인받거나, ERP가 없을 경우 별도의 승인 절차(예 결재 라인 지정, 담당자 서명 등)를 명시한다.

2 문서화 방식

기업의 규모와 시스템에 따라 문서화 방식이 다를 수 있으므로, 두 가지 대표적인 방식을 소개한다.

- ERP 시스템 활용 : 일부 기업에서는 ERP 시스템을 통해 ESG 문서를 관리하며, ESG 관련 정책이나 실적 보고서를 작성할 때 ERP 내 기안문을 생성하고 내부 승인 절차를 거쳐 최종 확정한다. 이를 통해 문서 추적이 용이하고, 결재 이력이 남아 신뢰도를 확보할 수 있다.
- 문서 템플릿 활용 : ERP 시스템이 없는 경우 엑셀 및 워드 기반의 문서 템플릿을 사용하여 ESG 데이터를 관리한다. 각 문서에는 회사 로고, 관리번호, 결재란이 포함되도록 설정하고, ESG 항목별 공시 내용을 표로 정리하여 담당자가 쉽게 업데이트할 수 있도록 한다.

3 문서 작성 시 유의할 점

- 공시될 내용을 사전에 관리할 것 : ESG 공시 기준(GRI 등)에 따라 차후 필요한 항목의 내용을 주기적으로 정리하고 관리한다. 이렇게 일정 주기를 두고 데이터를 관리하면 추세와 변화를 확인하기에도 용이하고, 공시 시기에 업무량이 급증하는 것을 방지할 수 있다.
- 일관된 템플릿을 사용할 것 : 문서마다 항목이 다르면 비효율적이므로, 일관된 템플릿을 만들어 지속적으로 활용하는 것이 중요하다.
- 데이터 기반 보고를 원칙으로 할 것 : 단순한 서술이 아닌 수치, 지표, 도표 등을 활용하여 객관적인 자료로 구성하는 것이 바람직하다.

문서화는 단순한 기록이 아니라, 기업의 신뢰도를 높일 수 있는 중요한 과정이다. 위의 가이드를 활용하여 기업에 적합한 문서 관리 체계를 구축하고, 지속적으로 관리함으로써 ESG 공시의 신뢰성을 확보할 수 있다.

기업 내부에 ESG를 총괄할 조직을 구성하는 것도 필수적이다. 대기업의 경우 ESG 부서를 신설하거나 ESG 운영위원회를 구성할 수 있지만, 중소기업에서는 현실적으로 이를 운영하기 어려운 경우가 많다. 이 경우 CEO 또는 주요 경영진이 ESG 관리 책임을 직접 담당하는 방식이 대안이 될 수 있으며, 기존의 환경·안전·노무 관련 부서와 협업하여 ESG 관리 체계를 구축하는 방안을 고려할 수도 있다. 중요한 것은 ESG 전략을 꾸준히 실행하고 관리할 수 있는 체계를 내부에 마련하는 것이다. ESG 담당자는 기업에서 ESG 관련 프로젝트를 새로 기획하고 수행하기보다는, 각 부서에서 진행하는 활동을 체계적으로 정리하고 공시를 관리하는 역할을 수행해야 한다. 그리고 궁극적으로는, 이를 통해 ESG가 기업의 경영 전반에 자연스럽게 스며들 수 있도록 조율해야 한다.

ESG의 중요한 과정 중 하나인 공시의 신뢰도를 높이기 위해서는 평소 정확한 데이터 관리 시스템을 갖추는 것이 필수적이다. ESG 평가 및 공시는 객관적인 데이터에 기반해야 하며, 기업은 탄소 배출량, 에너지 사용량, 근로 환경 지표 등의 데이터를 체계적으로 수집하고 관리할 수 있는 시스템을 도입해야 한다. 특히, GRI 등 국제 표준을 기반으로 한 데이터 관리 프레임워크를 활용해 사전에 공시 내용을 확인하고 이를 평소 주기적으로 관리한다면, 공시의 신뢰성을 높이고 글로벌 ESG 요구사항에 효과적으로 대응할 수 있다.

ESG 관리 체계는 기업이 단기적으로 ESG 요구를 충족하는 것을 넘어, 지속 가능한 성장의 기반을 마련하는 과정이다. 기업 내부의 관리 체계를 설계하고 강화하는 것은 ESG가 기업의 경쟁력을 강화하는 요소이자 장기적인 전략으로서 자리 잡을 수 있도록 만들기 위한 조건이다.

💡 서울산업의 ESG 도입 사례 (2)

정책 수립 이후, 서울산업은 ESG 관리 체계 구축에 착수했다. ESG 데이터 관리 체계를 구축하는 것은 ESG 공시의 신뢰도를 높이기 위해서도 필수적이다. ESG 공시는 단순한 평가 대응이 아니라 기업이 수행한 활동을 투명하게 공개하는 과정이므로, 이를 체계적으로 관리할 필요가 있었다.

서울산업은 GRI 표준을 기반으로 한 정량적 데이터 관리 템플릿을 개발하였다. 기존에는 환경, 노동, 윤리 관련 데이터가 개별적으로 관리되었으나, 이 시스템을 통해 모든 데이터를 한곳에서 통합 관리할 수 있도록 정비할 수 있었다. 특히, 담당 부서들이 데이터를 보다 효율적으로 취합할 수 있도록 프로세스를 구축하고, ESG 관련 지표를 정기적으로 업데이트할 수 있는 내부 체계를 마련하였다. 이를 통해 향후 ESG 평가 대응이 보다 체계적으로 이루어질 수 있도록 준비했다.

기업 내에서 ESG를 장기적으로 운영하기 위해 조직 내 담당 역할을 명확히 정립하는 작업도 이루어졌다. 중소기업의 현실을 고려하여, 별도의 ESG 부서를 신설하기보다는 기존의 환경·노무·안전 관련 부서와 협업하는 방식으로 운영 체계를 마련하였다. 이 과정에서 서울산업은 단순히 ESG 평가 대응을 위한 단기적인 대응책이 아니라, 기업이 스스로 ESG를 관리하고 운영할 수 있는 자립적 체계를 구축하는 것을 목표로 설정했다. 이를 위해 ESG 관련 업무를 담당할 내부 인력을 지정하고, 실무적으로 필요한 교육을 진행하며, 기업 내부에서 ESG 관련 정책과 데이터 관리를 수행할 수 있는 기반을 마련하였다.

ESG 도입 초기에는 '잘한 것을 평가받는 과정'이 아니라, '기업이 수행한 활동을 투명하게 공개하는 과정'이라는 점을 명확히 인식하는 것이 중요했다. 이에 따라, 서울산업은 ESG 담당자를 중심으로 4주간의 인식 개선 교육을 진행하였다. 이 교육을 통해 ESG의 개념과 범위를 명확히 정리하고, 기업이 ESG 공시를 통해 어떤 정보를 공개해야 하는지를 체계적으로 이해할 수 있도록 했다. 또한, ESG 담당자의 역할이 직접 ESG 활동을 실행하는 것이 아니라, 기업 내에서 이루어지는 다양한 ESG 관련 활동을 취합하고 정리하는 것임을 명확히 인식하도록 하였다. 이를 통해 각 부서가 ESG 데이터를 체계적으로 수집하고, 담당자는 이를 종합하여 ESG 공시 및 평가 대응을 수행할 수 있도록 했다.

서울산업의 ESG 관리 체계 구축 과정은 ESG가 단순한 규제 대응이 아니라 기업의 지속 가능성을 높이는 전략적 요소임을 보여준다. 기업이 ESG 데이터를 체계적으로 관리하고 정책을 실질적으로 운영할 수 있는 시스템을 갖춘다면, ESG 평가 대응 부담을 줄이는 것은 물론, 장기적으로 기업의 경쟁력을 높이는 기반을 마련할 수 있다. 특히, 서울산업은 ESG 평가를 위한 단순한 점수 개선이 아닌, ESG 공시 및 데이터 관리를 장기적으로 운영할 수 있는 체계를 구축함으로써, 기업이 외부 컨설팅에 의존하지 않고 스스로 ESG를 운영할 수 있는 환경을 조성하는 데 중점을 두었다. 이는 기업이 외부 요구에 수동적으로 반응하는 대신, ESG를 경영의 한 축으로 삼아 경쟁력을 강화하는 방향으로 나아갈 수 있음을 보여주는 좋은 사례다.

4) 평가 대응 (보고서 작성)

마지막 단계는 평가 대응이다. ESG와 관련된 모든 활동과 성과는 체계적으로 정리되어야 하며, 이 결과물은 주로 웹사이트나 보고서를 통해 공시된다. 이러한 공시는 기업의 정책과 데이터 관리 체계가 일관되게 연결되어 있음을 입증하는 도구로 사용된다. 또한, 외부에 공개되는 만큼 자료의 신뢰성 확보가 특히 중요하다.

그렇다면 어떻게 신뢰성을 확보할 수 있을까? 보고서 작성은 자료의 신뢰도를 높이는 핵심 전략 중 하나다. ESG 공시가 많은 경우 글로벌 가이드라인에 따라 작성된 보고서를 통해 이루어지는 데에는 공시 자료의 신뢰성을 보장하려는 의도가 포함되어 있다. 이러한 보고서는 주로 전문 인력을 통해 외부에서 작성되며, 비용이 수반되는 만큼 기업 마케팅으로 활용되는 경우가 많다.

평가 대응 과정에서는 각 외부 기관의 요구에 맞추어 명확한 근거와 데이터를 포함하는 것이 필수적이다. ESG 경영을 위한 노력 그리고 성과를 명확성과 정확성의 원칙에 따라 공개하는 것이 평가 대응의 핵심이다.

여기서 오해하지 말아야 할, 어쩌면 ESG 경영에 있어 가장 중요한 사실이 하나 있다. ESG 공시에서 가장 중요한 것은 성과가 아니다. 핵심은 그 성과를 어떻게 공시하고 근거를 제시하느냐에 있다. 예를 들어, 탄소 배출량 관리를 할 때 많은 사람들이 탄소 배출량을 줄이는 것이 핵심이라고 오해하지만, 줄인 성과의 크기보다는 그 내용을 정확하고 명확하게 공시하는 것이 더 중요하다. 탄소 배출을 100톤 줄이든, 10톤 줄이든 간에 그것을 명확한 기준에 따라 보고하는 것이 핵심이다.

그렇다면 어떻게 해야 명확한 기준에 따른 신뢰도 높은 공시가 가능할까? 두 가지 원칙을 반드시 기억해야 한다. 이는 실무적인 관점에서 매우 중요한데, 비록 ESG 경영공시에는 여러 원칙이 존재하지만, 이 두 가지가 특히 중요한 핵심이다.

먼저 **명확성**이다. 기업이 제시하는 근거는 누구나 이해할 수 있을 만큼 명확해야 한다. 보고서를 읽는 사람이 누구든 간에, 제시된 근거를 통해 성과와 활동을 명확히 이해할 수 있어야 한다. 정확한 정책과 기준에 따라 설정된 근거는 공시의 투명성을 높이는 중요한 요소다. 따라서 "우리의 정책이 이렇기 때문에 이 기준에 따라 실행했다"는 명확한 설명이 뒷받침되어야 한다.

두 번째는 **정확성**이다. 명확성에 더해, 제시된 근거는 반드시 정확해야 한다. 숫자와 데이터가 일관성을 유지해야 하며, 추정이나 오류가 포함되지 않도록 검증된 자료를 사용해야 한다. 가끔 보고서에서 "신뢰성을 확보했다"고 언급하는 경우가 있다. 하지만 실무를 하는 누구나 알고 있듯이 실제로 신뢰성을 100% 보장할 수 있는 방법은 아직 존재하지 않는다. 기업은 정확성을 우선하여 보고서의 신뢰성을 과장하지 않는 것이 중요하다.

모든 ESG 경영 공시는 근거를 명확히 제시하는 데 초점을 맞춘다. 공급망 실사나 탄소 배출량 산정에서 중요한 것은 단순히 '얼마나 줄였는가'가 아니라, '왜 그렇게 했는가'와 '어떻게 산정했는가'를 설명할 수 있는 근거를 제시하는 것이다. 보고서에서 제시되는 근거는 법적 기준과 기업의 내부 정책을 기반으로 해야 한다. 이처럼 체계적인 근거를 통해 기업은 이해관계자들에게 신뢰를 제공하고, ESG 성과를 명확히 전달할 수 있다.

이러한 네 가지 단계는 크게 **내부 관리**와 **외부 공시**로 구분할 수 있다. 데이터 수집 및 관리, 시스템 구축, 정책 수립은 내부 관리의 영역으로, 이는 기업 내부에서 ESG 경영의 체계와 프로세스를 준비하고 실행하는 단계다. 이 과정에서 기업은 명확한 목표 설정과 체계적인 관리 시스템 구축을 통해 ESG 경영의 기초를 다진다.

한편, 보고서 작성은 외부 공시의 단계에 해당한다. 외부 공시는 기업이 수행한 ESG 활동과 성과를 이해관계자와 외부 평가 기관에 투명하게 공개하는 과정이다. 이 단계에서는 내부적으로 수집하고 관리한 데이터를 바탕으로, 명확하고 일관된 보고서를 작성하여 신뢰를 확보하는 것이 중요하다.

내부 관리가 ESG 경영의 실행력과 준비 과정에 초점을 맞춘다면, 외부 공시는 투명한 정보 제공과 평가 대응을 목표로 한다. 특히 외부 공시는 그간의 노력을 명확한 결과물로 표현하는 과정인 만큼 결코 가볍게 생각해 접근해서는 안 된다. 내부 공시와 외부 공시의 두 영역은 각각 독립적이면서도 유기적으로 연결되어, 기업의 ESG 성과를 통합적으로 관리할 수 있는 기반을 형성한다. 내부 관리가 제대로 이루어지지 않으면 보고서 작성 단계에서 신뢰성 있는 공시가 불가능하며, 반대로 외부 공시가 제대로 이루어지지 않으면 내부 관리의 성과가 빛을 발하지 못한다.

기업들은 내부 관리와 외부 공시의 균형을 맞춰 ESG 경영을 추진해야 한다. 이러한 체계적 접근은 기업이 장기적인 경쟁력을 확보하고 대기업의 실사와 외부 평가에도 효과적으로 대응할 수 있는 토대가 될 것이다.

이번 장에서는 ESG를 도입하려는 기업들이 실제 적용 가능한 단계별 과정을 정리하여 소개했다. 이를 통해 ESG 경영을 도입하고자 하는 기업들이 실무적으로 어떻게 접근해야 할지 명확한 방향성을 가질 수 있도록 구성했다.

또한, ESG 경영을 보다 깊이 이해하고 실무에 활용하고자 하는 독자들을 위해, '부록 1'에서 한국을 포함한 전 세계에서 가장 널리 사용되며 ESG 공시의 기본 토대가 되는 GRI(Global Reporting Initiative)의 한국어 해석본과 그 활용 방법을 제공했다. GRI는 글로벌 ESG 공시의 표준으로 자리 잡은 가이드라인인 만큼, 이를 적극적으로 참고하면 기업이 국제 기준에 맞는 ESG 전략을 수립하고 실행하는 데 큰 도움이 될 것이다.

보다 구체적인 기준과 세부 가이드라인이 필요한 독자는 부록을 참고하여 ESG 도입 과정을 체계적으로 진행해 보길 바란다.

결국, ESG 경영의 핵심은 단순한 규제 준수를 넘어, 기업이 이를 경영의 핵심 원칙으로 내재화하는 데 있다. 데이터 수집과 관리, 체계적인 목표 설정, 실질적인 실행 체계 구축, 그리고 신뢰성 있는 평가 대응까지의 모든 과정은 기업이 지속 가능한 경영을 실현하는 기틀을 마련하는 과정이다.

이러한 ESG 경영이 성공적으로 정착되기 위해서는 단발적인 대응이 아닌 지속적인 개선과 혁신이 필수적이다. 기업은 ESG 요구 사항이 지속적으로 변화하고 있다는 점을 인식해야 하며, 단순한 '평가 대응'을 넘어 자체적인 ESG 경영 시스템을 구축하는 것이 더욱 중요해지고 있다. 즉, 외부 평가를 위한 ESG가 아니라, 기업 내부의 지속 가능성을 위한 ESG로 전환하는 과정이 필요하다.

이제 ESG는 기업 생존의 필수 요소이자, 장기적인 경쟁력을 확보하기 위한 전략적 선택이 되고 있다. 대기업뿐만 아니라 중소·중견기업 역시 ESG를 경영의 한 축으로 삼아야 하는 시대에 직면해 있다. ESG 경영을 단순한 비용이나 의무로 바라볼 것이 아니라, 새로운 기회로 인식하고 이를 적극적으로 활용하는 기업만이 지속 가능한 미래를 설계할 수 있을 것이다.

기업이 ESG를 단기적인 목표로 바라볼 것이 아니라, 장기적인 성장과 가치 창출의 도구로 활용할 때, 비로소 ESG 경영이 진정한 의미를 가지게 된다. 지금 이 순간에도 ESG 기준과 글로벌 시장의 요구는 계속 변화하고 있으며, 기업이 ESG를 어떻게 받아들이고 실천하느냐에 따라 향후 10년, 20년 뒤의 경쟁력이 결정될 것이다.

이제 ESG 경영은 선택이 아닌 필수다.

ESG를 움직이는 힘은 사람이다

많은 기업이 ESG를 도입하면서도 여전히 "우리는 왜 이 일을 해야 하는가?"라는 질문에 명확한 답을 찾지 못한다. 규제와 보고 의무가 늘어나면서 ESG를 단순 '처리해야 하는 일'로 여기거나, 평가 점수를 높이기 위한 형식적인 절차로 이해하는 경우도 많다. 하지만 ESG는 단순히 의무를 이행한다고 해서 자연스럽게 정착되는 개념이 아니다.

기업 문화에 ESG가 자연스럽게 자리를 잡기 위해서는 결국 사람들의 생각과 행동이 바뀌어야 한다. 기업의 의사결정자는 ESG를 단기적인 목표가 아닌 장기적인 성장 전략으로 바라봐야 하고, 실무자들은 ESG를 업무의 일환으로 자연스럽게 받아들여야 한다. 소비자와 투자자 역시 ESG를 단순한 마케팅 요소가 아니라, 기업을 평가하는 중요한 기준으로 인식해야 한다. 즉, ESG는 '누가 시켜서'하는 것이 아니라, 기업과 사회가 자발적으로 참여하고 실천하는 구조를 만들어야 지속 가능해진다.

그렇다면 ESG는 어떻게 하면 '기업과 사회에 스며드는 문화'로 자리 잡을 수 있을까? 답은 '사람'을 움직이는 데에 있다. ESG를 철학적으로 바라보고(생각), 심리적 동기를 부여하며(공감), 전략적으로 확산하는 것(실천)이 필요하다. 즉 ESG를 하나의 경영 방식으로 정착시키려면, 단순히 규제 대응을 넘어 철학적 사고, 심리적 설득, 전략적 실행이라는 세 가지 축을 유기적으로 연결해야 한다.

이 장에서는 ESG를 단순한 규제가 아니라, 사람들이 자연스럽게 받아들이는 문화로 정착시키는 방법을 탐구한다. 철학이 원칙을 세우고, 심리학이 행동을 변화시키며, 마케팅이 ESG를 차별적 경쟁력으로 만드는 과정 속에서, ESG는 단순한 트렌드가 아닌 기업과 사회를 변화시키는 지속 가능한 힘이 될 것이다.

지속 가능성을 위한 철학 : ESG에는 원칙이 필요하다

ESG 경영이 단순한 규제 대응이나 트렌드가 아니라, 기업의 지속 가능성을 결정짓는 핵심 요소라면, 이를 뒷받침하는 철학이 반드시 필요하다. 철학이 없는 ESG는 방향 없이 유행을 좇는 것과 다름없다. 단기적인 평가 점수에 맞춰 기준을 충족하는 것이 아니라, 기업이 스스로 ESG의 본질을 이해하고, 이를 경영의 중심 원칙으로 삼아야 지속적인 실천이 가능해진다. ESG가 일회성 캠페인으로 끝나지 않고, 기업 문화와 전략으로 자리 잡기 위해서는 "왜 ESG를 해야 하는가?", "어떤 기준을 따라야 하는가?", "기업의 정체성과 어떻게 연결되는가?"와 같은 근본적인 질문에 답할 수 있어야 한다. 철학은 바로 이러한 질문에 대한 명확한 답을 제시하며, ESG가 단순한 선택이 아니라 기업의 본질적인 가치가 될 수 있도록 돕는다.

이러한 맥락에서 **스토아 철학**은 ESG 정착을 위한 중요한 시사점을 제공한다. 스토아 철학은 우리가 통제할 수 있는 것과 통제할 수 없는 것을 구분하고, 감정이 아니라 이성적 판단을 통해 행동하는 것을 강조한다. 기업 경영에서도 마찬가지다. ESG 경영이 외부 규제나 시장의 급격한 변화에 따라 흔들린다면, 이는 단기적인 대응에 불과하다. 기업이 온전히 통제할 수 있는 요소에 집중해야 ESG는 지속 가능한 원칙이 될 수 있다.

온실가스 배출 감축, 공급망 내 인권 보호, 윤리적인 지배구조 확립은 외부 압력에 의해 마지못해 실행하는 과제가 아니다. 이는 기업이 장기적인 생존과 경쟁력을 확보하기 위해 주체적으로 설정하고 실천해야 할 원칙이다. 규제 변화나 시장 흐름은 기업이 완벽히 통제할 수 없는 영역이지만, ESG를 경영의 중심에 두면 어떤 변화에도 흔들리지 않는 지속 가능성을 확보할 수 있다. 반대로 ESG를 외부 압력에 의해 수동적으로 적용한다면, 규제가 완화되거나 관심이 줄어드는 순간 기업의 ESG 경영 역시 흐트러질 수밖에 없다. ESG는 단순한 법적 의무가 아니라, 기업이 스스로 설정한 기준과 철학을 바탕으로 운영할 때 비로소 지속 가능한 전략이 된다.

스토아 철학이 강조하는 또 하나의 원칙은 '이성적 근거'다. ESG가 단순한 도덕적 의무로 제시될 경우, 기업은 이를 일종의 부담으로 여기게 된다. 그러나 ESG는 도덕적 명분이 아니라, 기업이 장기적인 경쟁력을 유지하는 합리적인 선택이다. 지속 가능 경영을 실천하는 기업은 브랜드 신뢰도를 높이고, 투자자의 신뢰를 확보하며, 규제 변화를 미리 대비함으로써 리스크를 최소화할 수 있다. 이는 단순한 사회적 책임을 넘어, 기업의 지속적인 성장을 위한 전략적 의사결정이기도 하다. 스토아 철학은 감정이나 외부 압력에 흔들리지 않고, 이성적인 판단을 통해 장기적인 이익을 추구할 것을 강조한다. ESG 역시 같은 논리를 따른다. 당장의 비용 절감이나 단기적 수익 극대화보다, 장기적으로 기업이 생존하고 발전할 수 있는 구조를 마련하는 것이 핵심이다.

스토아 철학의 '윤리적 자기성찰' 개념 또한 ESG와의 두터운 연결고리가 있다. 기업이 ESG 경영을 단순한 공시나 보고의 문제가 아니라, 기업 정체성과 연결된 지속적인 실천의 과정으로 받아들이려면, 내부적으로 끊임없는 점검과 반성이 필요하다. ESG 공시는 단순한 성과 보고가 아니라, 기업이 "우리는 정말 옳은 방향으로 가고 있는가?"를 스스로 점검하는 기회가 되어야 한다. 이를 통해 기업은 ESG를 단순한 외부 평가 기준이 아닌, 스스로 설정한 경영 원칙으로 내재화할 수 있다. ESG 경영이 일시적인 유행이 아니라 기업의 철학으로 자리 잡기 위해서는, 단기적인 성과보다는 지속적으로 점검하고 발전시켜 나가는 과정이 중요하다.

ESG가 지속 가능하고 효과적인 경영 전략이 되려면, 기업은 단순한 의무를 넘어 스스로의 철학을 가져야 한다. 철학이 없는 ESG는 방향 없는 규제 준수에 불과하며, 기업이 외부 평가에 휘둘리는 이유가 된다. 기업이 ESG를 '해야 하는 것'이 아니라 '우리의 원칙'으로 받아들일 때, 비로소 ESG는 조직의 문화로 정착할 수 있다. ESG 경영이 단기적인 평가 대응에서 끝나지 않으려면, "왜 ESG를 해야 하는가?", "이것이 우리의 기업 정체성과 어떻게 연결되는가?"라는 근본적인 질문에 대한 명확한 답이 필요하다. 그리고 이 답을 찾는 과정에서 철학은 필수적이다.

철학이 없는 ESG는 결국 사라진다. 규제가 변하면 기업의 대응도 달라질 수밖에 없기 때문이다. 반면, 철학이 있는 ESG는 기업의 정체성과 맞닿아 있으며, 외부 환경이 변해도 흔들리지 않는다. ESG를 경영의 중심에 두려면, 그 기반이 되는 철학부터 세워야 한다.

지속 가능성을 위한 심리학 : 사람들의 인식을 어떻게 바꿀 것인가?

ESG가 단순한 규제 준수나 마케팅 요소가 아니라, 기업과 사회에 자연스럽게 스며들려면 무엇이 필요할까? 정답은 사람들의 심리적 변화다. 기업의 경영진과 실무자, 투자자, 소비자 모두 ESG를 자신의 가치관과 연결된 개념으로 받아들여야 한다. ESG가 지속 가능한 원칙으로 자리 잡으려면, 단순한 외부 요구가 아니라 사람들이 자발적으로 공감하고 실천하도록 만들어야 한다.

그러나 사람들은 단순히 "이게 중요하다"는 말을 듣는다고 행동을 바꾸지 않는다. ESG의 필요성을 논리적으로 설명하는 것만으로는 충분하지 않다. ESG가 사람들의 행동 변화를 이끌어내려면, 인간 심리의 근본적인 원리를 활용해야 한다. 피그말리온 효과를 통해 기대가 행동을 변화시키도록 유도하고, 단순노출 효과를 활용해 ESG를 자연스럽게 받아들이도록 만드는 등, 심리적 장벽을 낮추는 전략을 세우는 것이 중요하다.

사람은 자신이 기대받는 수준에 맞춰 행동하는 경향이 있다. 이를 **피그말리온 효과**라고 한다. 조직 내에서 ESG 목표를 명확하게 설정하고, 임직원과 이해관계자에게 "우리는 ESG를 통해 더 나은 기업이 될 수 있다"는 메시지를 전달하면, 이 기대가 실제 행동 변화를 유도할 수 있다. 기업이 ESG 목표를 명확히 설정하고 이를 공표하면, 조직 내부에서 ESG에 대한 기대 수준이 자연스럽게 형성된다. 예를 들어, "2030년까지 탄소 배출량을 50% 감축하겠다"는 목표를 발표하면, 임직원들은 이를 기업이 반드시 달성해야 하는 핵심 과제로 인식하게 된다. 목표가 구체적이고 도전적일수록 구성원들은 이를 실현하기 위해 적극적으로 참여하게 된다.

ESG 공시는 조직 내외부에서 ESG 경영에 대한 기대감을 높이는 중요한 수단이다. ESG 공시를 통해 기업은 "우리는 이 목표를 반드시 달성할 것이다"라는 메시지를 전달할 수 있다. 구성원들은 이를 통해 '우리가 해야 할 일'이라는 인식을 가지게 되고, 이는 실제 행동으로 이어진다. 피그말리온 효과는 단순한 기대 설정만으로 끝나서는 안 된다. 지속적인 피드백과 보상 시스템이 동반될 때 효과가 극대화된다. 예를 들어, ESG 목표 달성률을 정기적으로 점검하고 이를 구성원들에게 알리는 것이 중요하다. 목표 달성 시 보상과 인정을 제공하면, 구성원들은 더 높은 목표를 설정하고 도전하는 동기를 갖게 된다.

사람은 반복적으로 접하는 개념에 대해 점점 더 친숙함을 느끼고, 결국 이를 자연스럽게 받아들이게 된다. 이를 **단순노출 효과**라고 한다. ESG도 마찬가지다. ESG가 낯선 개념으로 인식되지 않으려면, 기업 내부뿐만 아니라 소비자와 투자자에게 ESG 메시지를 반복적으로 노출해야 한다. ESG를 기업 문화에 녹여내려면, 이를 일상적인 업무와 자연스럽게 연결해야 한다. 예를 들어, 사내 게시판, 뉴스레터, 교육 프로그램 등을 통해 ESG의 중요성을 반복적으로 전달할 수 있다. 또한, ESG와 관련된 실천 사례(에너지 절약, 친환경 소재 사용, 사회적 가치 창출 등)를 지속적으로 공유하면, 구성원들은 ESG를 단순한 목표가 아니라 자연스러운 업무의 일부로 인식하게 된다.

기업이 ESG 활동을 한다고 해도, 소비자와 투자자가 이를 인식하지 못하면 효과가 반감된다. ESG 보고서, 광고, SNS 캠페인 등을 활용해 ESG 관련 메시지를 반복적으로 전달해야 한다. 예를 들어, "우리는 연간 ○○톤의 탄소를 감축했습니다"와 같은 구체적인 성과를 정기적으로 공유하면, ESG가 기업의 정체성으로 자리 잡게 된다. 단순히 ESG 메시지를 전달하는 것을 넘어, 사람들이 이를 직접 경험할 수 있도록 하는 것도 중요하다. 예를 들어, 사내 카페에서 친환경 컵을 사용하게 하거나, 전 직원이 참여하는 에너지 절약 캠페인을 운영하는 등, ESG를 일상에서 체험하도록 만들면 ESG에 대한 친숙함과 호감도가 증가한다.

ESG는 단순한 의무가 아니라, 사람들이 자발적으로 받아들이고 실천하는 문화가 되어야 한다. 이를 위해서는 철학적 원칙을 확립하는 것뿐만 아니라, 심리적 장벽을 낮추고 행동 변화를 유도하는 과정이 필수적이다. 피그말리온 효과를 통해 기대를 설정하면 행동이 따라오고, 단순 노출 효과를 활용하면 ESG는 더 이상 낯선 개념이 아닌 일상의 일부가 된다. ESG가 규제가 아닌 자연스러운 원칙으로 정착하려면, 기업은 이를 평가 지표가 아니라 조직과 사회의 인식을 변화시키는 과정으로 바라봐야 한다. ESG를 지속 가능하게 만드는 힘은 결국 '사람'에서 나온다.

지속 가능성을 위한 마케팅 : 차별화된 경쟁력 확보

기업 내에 ESG 경영이 단순한 규제 준수나 윤리적 의무를 넘어 실질적이고 지속 가능한 경영 전략으로 자리 잡는 데에는 소비자와 투자자의 선택만한 것이 없다. 마음을 움직이는 매력적인 스토리는 기업의 ESG 경영 수행을 차별화된 경쟁력으로 만들어줄 수 있다. 즉 ESG를 기업의 차별화된 경쟁력으로 만드는 것은 공시나 보고서 제출을 넘어 마케팅 관점에서의 전략적 접근을 요구한다.

마케팅의 대가인 세스 고딘Seth Godin은 소비자의 관심과 신뢰를 확보하는 마케팅 전략을 제안한 바 있다. 그의 대표적인 전략으로는 퍼미션 마케팅Permission Marketing, 퍼플 카우Purple Cow, 트라이브Tribes 개념이 있다. ESG 역시 이 세 가지 전략을 적극적으로 활용할 때 시장에서 경쟁력을 확보하고, 지속 가능한 문화로 정착할 수 있다.

퍼미션 마케팅은 **소비자의 자발적 허락**을 얻어내는 것이다. 세스 고딘은 소비자와 기업 사이의 관계 형성에서 가장 중요한 것이 곧 소비자의 자발적 허락이라고 말한다. 기업이 강제로 메시지를 전달하거나 단순히 홍보를 위한 일방적 소통을 시도하면 소비자는 이를 부담스러워하거나 외면하게 된다. 마찬가지로 ESG 경영 또한 단순한 의무적 공시나 보고가 아니라 소비자와 투자자들의 자발적 관심과 신뢰를 얻는 과정이어야 지속 가능하다.

이를 위해서는 기업의 ESG 정보 공개가 단순 수치 나열이 아닌 투명하고 진솔한 스토리를 담아야 한다. 예를 들어, 기업이 탄소중립 목표를 공개할 때 단순히 "우리는 탄소배출량을 줄입니다"라고 선언하기보다는, "우리 회사는 기후 위기의 심각성을 인식하고 미래 세대를 위해 자발적으로 다음과 같은 노력을 기울이고 있습니다. 우리와 함께 동참해 주시겠습니까?"라는 식의 메시지를 전달해야 한다. 이렇게 하면 ESG는 강요가 아닌, 소비자와 투자자가 기업에 대한 신뢰와 지지를 허락하는 과정이 된다.

퍼미션 마케팅 전략은 ESG 공시 자료를 '왜 이 활동을 하는가', '이 활동이 사회와 우리에게 어떤 의미가 있는가'를 명확히 설명하는 스토리텔링 형태로 구성하도록 한다. 소비자가 ESG를 기업의 진정한 노력으로 받아들이고, 스스로의 선택으로 기업을 지지하도록 유도하는 것이 지속 가능한 ESG 정착을 위한 첫 단계이다.

한편, ESG가 차별화된 경쟁력이 되기 위해서는 독특하고 창의적인 활동으로 시장의 이목을 끌어야 한다. 세스 고딘이 제시한 **퍼플 카우** 개념은 마치 '보라색 소'처럼 **눈에 띄는 혁신적 접근**을 의미한다. 모두가 비슷한 ESG 메시지를 반복적으로 전달하면 소비자는 쉽게 피로감을 느끼고 그 가치를 간과하게 된다. 사회공헌 활동이나 친환경 제품 출시에서 한 걸음 더 나아가 소비자의 일상 속에서 특별히 돋보일 수 있는 ESG 스토리를 만드는 것이 중요하다.

퍼플 카우 전략을 ESG에 적용하려면, 기업의 핵심 역량과 연계한 독특한 ESG 프로젝트를 발굴하는 것이 필요하다. 다른 기업이 하지 못하는 혁신적인 ESG 활동을 통해 소비자와 투자자의 이목을 집중시키고 브랜드 가치를 높이는 것이 ESG를 지속 가능한 경쟁력으로 만드는 핵심 요소다.

마지막으로, ESG는 단순히 기업 혼자서 추진하는 개념이 아니라 소비자, 투자자, 직원, 지역사회와 함께하는 공유가치가 될 때 진정한 영향력을 발휘한다. 세스 고딘의 **트라이브 전략**은 공통의 관심사나 가치를 중심으로 사람들의 결속을 강화하고, 이를 통해 자연스럽게 브랜드 충성도와 영향력을 확대하는 방식이다. 즉 ESG를 일종의 공유가치로 만드는 것이다.

ESG를 중심으로 소비자, 투자자, 직원 등 이해관계자들과의 강력한 공동체를 형성하면 ESG는 더 **빠르게** 확산되고, 그 자체로 지속 가능한 기업문화로 자리 잡는다. 예를 들어 기업이 ESG와 관련된 온라인 커뮤니티를 운영하거나, 지속적으로 ESG 가치에 공감하는 소비자들과 함께 캠페인을 전개한다면, 자연스럽게 이들과의 관계가 긴밀해지고 기업에 대한 충성도가 높아질 수 있다.

트라이브 전략은 기업이 ESG 가치로 사람들과의 관계를 형성할 수 있는 플랫폼과 소통의 장을 마련하는 것을 요구한다. 기업은 ESG 캠페인을 단순히 외부 홍보가 아닌 소비자와의 적극적인 소통과 공동의 가치를 나누는 장으로 인식해야 한다. 이렇게 공유가치를 기반으로 형성된 트라이브는 ESG 활동을 단순한 유행이 아닌 기업의 장기적인 성장과 발전의 원동력으로 만드는 강력한 수단이 된다.

ESG가 지속 가능한 기업 경영으로 확고히 자리 잡으려면 기업 내부의 철학적 원칙과 심리적 변화뿐 아니라, 외부의 이해관계자와 효과적으로 소통하고 공감하는 마케팅 전략이 필수적이다. 세스 고딘이 제안한 퍼미션 마케팅, 퍼플 카우, 트라이브 전략을 활용하면 ESG를 단순한 규제 대응이 아닌 소비자와 투자자가 자발적으로 선택하고 지지하는 차별화된 경쟁력으로 발전시킬 수 있다.

철학적 이유로 사람들을 설득하고, 심리적 전략으로 행동 변화를 유도하며, 마케팅 접근으로 지속적 공감과 경쟁력을 확보할 때 ESG는 기업과 사회에 자연스럽게 스며들고 지속 가능한 문화로 자리 잡을 수 있을 것이다. ESG의 성공적 정착을 위해서는 결국 사람의 마음을 움직이는 일이 핵심이다. 그리고 사람의 마음을 움직이는 가장 효과적인 도구가 바로 마케팅 전략이다.

ESG가 지속 가능한 경영으로 자리 잡으려면 기업 내부의 철학적 원칙과 심리적 변화에, 외부의 공감을 끌어내는 마케팅 전략까지 결합돼야 한다. 철학이 이유를 주고, 심리가 행동을 바꾸며, 마케팅이 ESG를 경쟁력으로 만든다. 결국 ESG는 규제가 아닌, 사람의 마음을 움직이는 힘으로 완성된다. 사람의 마음을 얻는 기업만이 ESG를 지속 가능한 문화로 만들어갈 수 있다.

이 내용은 다년간 ESG 업계에 몸담으며 지속적으로 고민해온 것에 대한 나의 결론이다. 그동안 나는 "기업이 ESG를 진정으로 받아들이게 하려면 무엇이 필요할까?", "ESG가 단순한 보고서나 형식적 규제 대응을 넘어 실제 경영 현장에서 살아 숨 쉬게 하려면 어떻게 해야 할까?", 그리고 "사람들이 ESG를 진심으로 공감하고 실천하도록 만드는 원동력은 무엇일까?"라는 질문에 끊임없이 부딪혀 왔다.

이러한 고민 끝에 결국 ESG의 성패는 규제나 제도의 완성도가 아니라, 사람의 마음을 얼마나 깊고 오래 움직일 수 있느냐에 달려 있다는 것을 몸소 깨달았다. ESG를 성공적으로 내재화한 기업과 단지 규제 준수나 평가 점수를 얻기 위한 수단으로만 접근한 기업의 차이는 바로 여기에 있었다. 사람의 마음을 얻지 못하면 ESG는 유명무실한 형식에 머물지만, 마음을 얻으면 ESG는 세대를 넘어 지속 가능한 원칙으로 자리 잡는다. ESG는 강제로 밀어붙이는 규범이나 일시적인 유행이 아니라, 사람들이 자발적으로 공감하고 선택할 때 비로소 성장하고 확산되는 원칙이기 때문이다.

그 과정에서 철학은 ESG에 대한 생각을 만들고, 심리는 행동을 끌어내는 공감을 형성하며, 마케팅은 그 변화를 확산하는 촉매 역할을 할 것이다. 이 세 가지가 결합될 때 ESG는 규제의 틀을 벗어나 기업과 사회에 자연스럽게 스며드는 문화로 자리 잡는다.

결국 ESG의 핵심은 사람을 움직이는 데 있다. 지속 가능한 ESG는 사람의 마음을 얻는 순간 완성된다.

나가며

　기업의 주요 목적은 이윤의 창출이다. 이 본질에서 벗어나 다른 목표를 추구하는 순간 기업의 작동 원리는 근본적으로 달라진다. 비즈니스 현장 혹은 경영학 교실에서 처음으로 ESG라는 개념을 대면한 많은 사람들은 이윤 추구라는 목적이 ESG와는 맞지 않다는 생각에 혼란스러워한다. 하지만 이런 혼란은 이윤 추구와 지속 가능한 경영이라는 두 목표가 근본적으로 양립 불가능하다는 전제에서 비롯한 것이다.

　이제 우리는 기업의 경영 원리를 근본적으로 재정립해야 한다. 주주만을 위한 이윤 극대화를 목표로 하지 않고, 다양한 이해관계자들(고객, 직원, 협력사, 지역사회, 환경 등)의 이익을 균형 있게 고려하며 지속 가능한 가치를 창출하는 경영 철학인 이해관계자 자본주의는 이윤이라는 목적을 지키면서도 기업이 환경과 사회적 책임을 동시에 수행할 수 있는 길을 제시한다. 심지어 이는 공상이나 탁상공론도, 사고 실험 속의 대안적 경영 철학도 아니다. 이해관계자 자본주의는 우리 사회의 구조가 변화하는 흐름에 정확히 맞추어져 있으며, 이런 흐름 속에서 모순을 겪지 않고 기업의 경영 목표와 개개인 구성원의 가치관을 재정립할 수 있도록 돕는다.

　주주 자본주의의 오래된 가치관은 단기적 이익에만 치중함으로써 장기적 경쟁력을 희생해 왔다. 그러나 이해관계자 자본주의라는 이 새로운 경영 패러다임은 다양한 이해관계자들의 이익을 조화롭게 고려한다. 이해관계자 자본주의는 오래된 비즈니스 가치관을 뒤로 하고, 다양한 이해관계자들의 가치를 고려하는 새로운 경영 패러다임으로 자리 잡고 있다.

현재 글로벌 기업들은 유럽연합의 CSRD와 같은 강력한 규제 속에서 ESG를 경영의 핵심에 두어야 하는 상황에 직면해 있다. 투자자들은 단기 성과보다 장기적인 가치 창출에 더 큰 관심을 기울이고 있으며, 기업의 ESG 성과는 투자와 평가의 중요한 지표로 자리 잡고 있다. 기존의 가치관을 고집하고 과거의 방식을 고수한다면 급변하는 시장 속에서 생존은 요원한 일이 된다.

ESG 경영과 결합된 이해관계자 자본주의는 기업의 사회적 책임을 실천하면서 동시에 경제적 성공을 추구할 수 있는 이상적인 경영 모델로 떠오르고 있다. 기업이 이해관계자 자본주의에 기반한 경영을 실천할 때, 이들은 규제와 실사를 통과하는 것은 물론 더 큰 신뢰와 브랜드 가치를 확보하는 기회를 얻게 된다.

오래된 주주 중심의 가치관은 이제 설 자리를 잃어가고 있다. 현대 경영에서 중요한 것은 기업이 얼마나 사회적 가치를 창출하고, 환경과 사회에 대한 책임을 다하며, 다양한 이해관계자와의 관계를 강화하는가에 달려 있다. 더 이상 선택의 여지가 없다. 이해관계자 자본주의는 단순한 변화가 아니라, 기업 생존의 필수 조건이자, 지속 가능한 미래를 향한 유일한 길이다.

변화는 불가피하다. 다행이라 할 수 있는 것은, 우리가 억지로 무언가를 바꾸어 가면서 '더 착해질' 필요도, 또 우리가 마땅히 가질 수 있는 이윤을 선을 위해 포기할 필요도 없다는 점이다. 지속가능경영은 자신의 앞가림을 하고 돈을 벌면서 평범한 일상을 살아가는 보통 사람이 조금 더 착하게 살 수 있는 제3의 길을 제시한다.

이것이 바로 보통 사람의 착하게 사는 법이다.

부록

1. GRI 인덱스 및 AI 학습법

GRI 표준은 ESG 공시의 글로벌 기준으로 자리 잡았다. 즉, 이는 기업이 지속가능성 정보를 효과적으로 공개할 수 있도록 돕는 핵심 가이드라인이라 할 수 있다. 현재 EU의 ESRS유럽 지속가능성 보고 기준, IFRS의 ISSB(S1·S2), 미국 SEC의 기후 공시 규칙 등 주요 글로벌 ESG 공시 기준이 GRI를 기반으로 설계되어 있다.

GRI를 제대로 이해하고 활용하는 것은 ESG 공시를 준비하는 기업들에게 필수적인 요소다. 한편, GRI는 모든 지침이 영문으로 제공되며, 줄글 형태로 길게 서술되어 있어 처음 학습하는 사람들에게는 쉽게 접근하기 어려운 면이 있다. 특히, 각 지표별 공시 기준과 요구 사항이 상세히 기술되어 있는 만큼 그 내용을 체계적으로 정리하고 이해하는 과정이 필요하다. 이를 돕기 위해 본 부록 하단에 GRI 인덱스를 한국어로 삽입했다.

GRI 학습이 어려운 이유는 방대한 정보량과 복잡한 공시 기준 때문이다. 그러나 최근에는 AI의 등장 덕에 보다 효율적으로 GRI를 학습할 수 있는 방법이 마련되었다. AI를 활용하면 ESG 공시 기준을 빠르게 분석하고, 원하는 정보를 요약하거나 정리할 수 있다. 특히, 특정 지표에 대한 설명을 보다 명확하게 이해하고 싶을 때 AI를 적절히 활용하면 학습 속도를 높일 수 있다.

아래 프롬프트를 참고하여 AI를 활용하면 GRI 학습을 보다 효과적으로 진행할 수 있다. 전문 프롬프트 엔지니어의 손을 거친 결과물은 아니지만, 강의를 통해 취업 준비생을 비롯해 ESG를 처음 접하는 분이 비교적 쉽게 GRI를 학습할 수 있도록 여러 차례 실험하여 만들어진 내용이다. 물론, 추론모델과 비추론 모델 각각의 차이에 따라 세부적인 내용은 추가되거나 조정될 수 있다. 일반적으로 GRI의 기본적인 사항에 대한 이해를 높이는 프롬프트다.

GRI 학습을 한 AI 프롬프트

1 요청하기

GRI Stanadards 2023 개정 중 "(GRI지표번호)", "(지표명)"에 대한 개요 설명 및 핵심 내용을 상세하게 설명하는 보고서를 작성해 줘.

2 맥락 제공

"⟨example⟩
"(GRI지표번호)", "지표명"에 대한 개요 :
1. 지표에 대한 통합 설명
2. 개념 설명
3. 핵심내용 설명
　1) 정량 및 정성 지표 구분하여 설명
　2) 정량 지표의 경우 "단위" 제시
　3) 각 지표에 대한 공시 방법론 설명
⟨/example⟩"

3 출처 기반 작성 요청

명확하고 정확한 출처를 기반으로 진행하고, 추정한 내용은 배제해서 작성해 줘.

GRI 인덱스

분류	구분	지표	지표내용	정성/정량	단위
Economic, Governance	GRI 2 : The organization and its reporting practices	2-2	조직의 지속가능 보고서에 포함된 법인	정성	-
Economic, Governance	GRI 2 : The organization and its reporting practices	2-5	외부 검증	정성	-
Economic, Governance	GRI 2: Governance	2-9	지배구조 및 구성	정성/정량	명, 년, %
Economic, Governance	GRI 2: Governance	2-10	최고의사결정기구 추천 및 선정	정성	-
Economic, Governance	GRI 2: Governance	2-11	최고의사결정기구의 의장	정성	-
Economic, Governance	GRI 2: Governance	2-12	영향력 관리 감독에서 최고의사결정기구의 역할	정성	-
Economic, Governance	GRI 2: Governance	2-13	영향력 관리 책임의 위임	정성	-
Economic, Governance	GRI 2: Governance	2-14	지속가능성 보고에 있어 최고의사결정기구의 역할	정성	-
Economic, Governance	GRI 2: Governance	2-15	이해관계 상충	정성	-
Economic, Governance	GRI 2: Governance	2-16	중요 사안에 대한 커뮤니케이션	정성/정량	개
Economic, Governance	GRI 2: Governance	2-17	최고의사결정기구의 집단지식	정성	-
Economic, Governance	GRI 2: Governance	2-18	최고의사결정기구의 성과에 대한 평가	정성	-

분류	구분	지표	지표내용	정성/정량	단위
Economic, Governance	GRI 2: Governance	2-19	보상 정책	정량	원
Economic, Governance	GRI 2: Governance	2-20	보수 결정 절차	정성	-
Economic, Governance	GRI 2: Governance	2-21	연간 총 보상 비율	정량	%
Economic, Governance	GRI 2 : Strategy, policies and practices	2-22	지속가능한 발전 전략 성명서	정성	-
Economic, Governance	GRI 2 : Stakeholder engagement	2-29	이해관계자 참여 접근 방식	정성	-
Economic, Governance	GRI 201: Economic Performance	201-1	직접적인 경제적 가치의 창출과 배분	정량	원
Economic, Governance	GRI 201: Economic Performance	201-2	기후변화의 재무적 영향과 사업활동에 대한 위험과 기회	정성	-
Economic, Governance	GRI 201: Economic Performance	201-3	조직의 확정급여형 연금제도 채무 충당	정성/정량	원, %, 년
Economic, Governance	GRI 201: Economic Performance	201-4	정부 지원 보조금 수혜 실적	정량	원, %
Economic, Governance	GRI 202 : Market Presence	202-1	사업장의 현지 법정최저임금 대비 신입사원 임금 비율	정성/정량	%
Economic, Governance	GRI 202 : Market Presence	202-2	주요 사업장의 현지 출신 고위 관리자 비율	정성/정량	%
Economic, Governance	GRI 203 : Indirect Economic Impacts	203-2	중요한 간접적 경제 파급효과 및 영향	정성	-
Economic, Governance	GRI 205: Anti-corruption	205-1	사업장 부패 위험 평가	정량	개, %

분류	구분	지표	지표내용	정성/정량	단위
Economic, Governance	GRI 205: Anti-corruption	205-2	반부패 정책 및 절차에 관한 공지와 훈련	정량	개, %
Economic, Governance	GRI 205: Anti-corruption	205-3	확인된 부패 사례와 이에 대한 조치	정량	개
Economic, Governance	GRI 206: Anti-competitive Behavior	206-1	경쟁저해행위, 독과점 등 불공정한 거래행위에 대한 법적 조치	정성/정량	개
Environmental, Safety	GRI : 301 Materials	301-1	사용된 원료의 중량과 부피	정량	톤
Environmental, Safety	GRI : 301 Materials	301-2	사용된 원료 중 재생 원료의 투입	정량	%
Environmental, Safety	GRI : 301 Materials	301-3	제품 및 포장재 재생 원료	정량	%
Environmental, Safety	GRI : 302 Energy	302-1	조직 내부 에너지 소비	정량	TJ
Environmental, Safety	GRI : 302 Energy	302-2	조직 외부 에너지 소비	정량	TJ
Environmental, Safety	GRI : 302 Energy	302-3	에너지 집약도	정량	%
Environmental, Safety	GRI : 302 Energy	302-4	에너지 소비 절감	정량	TJ
Environmental, Safety	GRI : 302 Energy	302-5	제품 및 서비스의 에너지 요구량 감축	정량	TJ
Environmental, Safety	GRI : 303 Water and Effluents 2018	303-1	공유 자원으로서 용수와의 상호작용	정성	-
Environmental, Safety	GRI : 303 Water and Effluents 2018	303-2	방류수 관련 영향 관리	정성	-

분류	구분	지표	지표내용	정성/정량	단위
Environmental, Safety	GRI : 303 Water and Effluents 2018	303-3	취수	정량	m^3 또는 ML
Environmental, Safety	GRI : 303 Water and Effluents 2018	303-4	방류수	정량	m^3 또는 ML
Environmental, Safety	GRI : 303 Water and Effluents 2018	303-5	물 소비	정량	m^3 또는 ML
Environmental, Safety	GRI : 304 Biodiversity	304-1	보호구역 및 생물다양성 가치가 높은 구역 또는 주변지역에 소유, 임대, 관리하고 있는 운영 사이트	정성/정량	-
Environmental, Safety	GRI : 304 Biodiversity	304-2	활동, 제품, 서비스가 생물다양성에 미치는 중대한 영향	정성/정량	기간, KM^2
Environmental, Safety	GRI : 304 Biodiversity	304-3	보호 또는 복원된 서식지	정성	-
Environmental, Safety	GRI : 304 Biodiversity	304-4	사업 영향 지역 내에 서식하고 있는 국제자연보존연맹(IUCN)지정 멸종위기 종(Red list)과 국가지정 멸종위기종	정량	개
Environmental, Safety	GRI : 305 Emissions	305-1	직접 온실가스 배출량 (scope 1)	정성/정량	가스종류, tCO_2-eq
Environmental, Safety	GRI : 305 Emissions	305-2	간접 온실가스 배출량 (scope 2)	정성/정량	가스종류, tCO_2-eq
Environmental, Safety	GRI : 305 Emissions	305-3	기타 간접 온실가스 배출량 (scope3)	정성/정량	가스종류, tCO_2-eq

분류	구분	지표	지표내용	정성/정량	단위
Environmental, Safety	GRI : 305 Emissions	305-4	온실가스 배출 집약도	정성/정량	%
Environmental, Safety	GRI : 305 Emissions	305-5	온실가스 배출 감축	정성/정량	tCO_2-eq
Environmental, Safety	GRI : 305 Emissions	305-6	오존층 파괴 물질의 배출	정성/정량	톤
Environmental, Safety	GRI : 305 Emissions	305-7	질소산화물, 황산화물 그리고 다른 주요 대기 배출물	정량	kg
Environmental, Safety	GRI : 306 Waste 2020	306-1	폐기물 발생 및 중대한 폐기물 관련 영향	정성/정량	톤
Environmental, Safety	GRI : 306 Waste 2020	306-2	중대한 폐기물 관련 영향 관리	정성	-
Environmental, Safety	GRI : 306 Waste 2020	306-3	폐기물 발생	정량	톤
Environmental, Safety	GRI : 306 Waste 2020	306-4	처분에서 전환된 폐기물	정량	톤
Environmental, Safety	GRI : 306 Waste 2020	306-5	처분 대상 폐기물	정량	톤
Environmental, Safety	GRI : 308 Supplier Environmental assessment	308-1	환경 기준 심사를 거친 신규 공급업체 비율	정성/정량	수, %
Environmental, Safety	GRI : 308 Supplier Environmental assessment	308-2	공급망 내 실질적이거나 잠재적으로 중대한 부정적 환경영향 및 이에 대한 조치	정성/정량	수, %
Environmental, Safety	GRI 403 : Occupational Health and Safety 2018	403-1	산업안전보건 경영시스템	정성/정량	%
Environmental, Safety	GRI 403 : Occupational Health and Safety 2018	403-2	위험 식별/평가 및 사고 조사	정성	-
Environmental, Safety	GRI 403 : Occupational Health and Safety 2018	403-3	산업보건 서비스	정성	-

분류	구분	지표	지표내용	정성/정량	단위
Environmental, Safety	GRI 403 : Occupational Health and Safety 2018	403-4	산업안전보건에 대한 근로자 참여, 협의 및 소통	정성	-
Environmental, Safety	GRI 403 : Occupational Health and Safety 2018	403-5	산업보건 및 안전에 대한 근로자 교육	정량	%
Environmental, Safety	GRI 403 : Occupational Health and Safety 2018	403-6	근로자 건강증진	정성/정량	명
Environmental, Safety	GRI 403 : Occupational Health and Safety 2018	403-7	비즈니스 관계와 직접적으로 연결된 산업보건 및 안전 영향 예빙 및 완화	정성	-
Environmental, Safety	GRI 403 : Occupational Health and Safety 2018	403-8	산업 안전보건 관리 시스템 적용받는 근로자	정성	-
Environmental, Safety	GRI 403 : Occupational Health and Safety 2018	403-9	업무상 부상	정성/정량	%, 시간
Environmental, Safety	GRI 403 : Occupational Health and Safety 2018	403-10	업무상 질병	정성/정량	명, 건수
Environmental, Safety	GRI 416: Customer Health and Safety	416-1	제품 및 서비스군의 안전보건 영향 평가	정량	%
Environmental, Safety	GRI 416: Customer Health and Safety	416-2	제품 및 서비스의 안전보건 영향에 관한 규정 위반 사건	정량	개
Social	GRI 2 : Activities and workers	2-6	활동, 가치사슬 및 기타 비즈니스 관계	정성	-
Social	GRI 2 : Activities and workers	2-7	임직원	정량	명
Social	GRI 2 : Activities and workers	2-8	임직원이 아닌 근로자	정성/정량	명

분류	구분	지표	지표내용	정성/정량	단위
Social	GRI 2 : Strategy, policies and practices	2-23	정책 공약 (commitments)	정성	-
Social	GRI 2 : Strategy, policies and practices	2-24	정책 공약 내재화 (Embedding)	정성	-
Social	GRI 2 : Strategy, policies and practices	2-25	부정적 영향 교정 프로세스	정성	-
Social	GRI 2 : Strategy, policies and practices	2-26	조언 탐색 및 우려 사항 제기 메커니즘	정성	-
Social	GRI 2 : Strategy, policies and practices	2-27	법/규제 준수	정성	-
Social	GRI 2 : Strategy, policies and practices	2-28	멤버십 협회	정성	-
Social	GRI 2 : Stakeholder engagement	2-30	단체협약	정성/정량	%
Social	GRI 203 : Indirect Economic Impacts	203-1	공익을 위한 인프라 투자 및 서비스 지원활동	정성	-
Social	GRI 401 : Employment	401-1	신규채용과 이직	정량	명, %
Social	GRI 401 : Employment	401-2	비정규 직원 혹은 파트타임 직원에게는 제공되지 않는 정규직 직원 대상의 보상	정성	-
Social	GRI 401 : Employment	401-3	육아휴직	정량	명, %
Social	GRI 404: Training and Education	404-1	임직원 1인당 평균 교육 시간	정량	시간
Social	GRI 404: Training and Education	404-2	임직원 역량 강화 및 전환 지원을 위한 프로그램	정성	-
Social	GRI 404: Training and Education	404-3	정기적 성과 및 경력 개발 리뷰를 받은 임직원 비율	정량	%

분류	구분	지표	지표내용	정성/정량	단위
Social	GRI 405: Diversity and Equal Opportunity	405-1	거버넌스 기구 및 임직원 다양성	정량	%
Social	GRI 405: Diversity and Equal Opportunity	405-2	남성 대비 여성의 기본급 및 보상 비율	정량	%
Social	GRI 406 : Non-Discrimination	406-1	차별 사건 및 이에 대한 시정조치	정성/정량	건수
Social	GRI 410 : Security Practices	410-1	사업과 관련된 인권 정책 및 절차에 관한 훈련을 받은 보안요원의 비율	정성/정량	%
Social	GRI 411 : Rights of Indigenous Peoples	411-1	사업장 지역 원주민의 권리 침해사고 건수와 취해진 조치	정성/정량	건수
Social	GRI 413 : Local Communities	413-1	지역사회 참여, 영향 평가 그리고 발전프로그램 운영 비율	정량	%
Social	GRI 413 : Local Communities	413-2	지역사회에 중대한 실질적/잠재적인 부정적 영향이 존재하는 사업장	정성	-
Social	GRI 414 : Supplier Social Assessment	414-1	사회적 영향평가를 통해 스크리닝된 신규 협력회사	정량	%
Social	GRI 414 : Supplier Social Assessment	414-2	공급망 내 주요한 부정적인 사회 영향과 이에 대한 시행 조치	정량	개, %
Social	GRI 418: Customer Privacy	418-1	고객개인정보보호 위반 및 고객 정보 분실 사실이 입증된 불만 건수	정량	개

분류	구분	지표	지표내용	정성/정량	단위
-	GRI 2 : The organization and its reporting practices	2-1	조직 세부사항	정성	-
-	GRI 2 : The organization and its reporting practices	2-3	보고 기간, 주기, 보고서에 대한 문의처	정량	년
-	GRI 2 : The organization and its reporting practices	2-4	정보의 수정 (restatement)	정성	-
-	GRI 204 : Procurement Practices	204-1	주요한 사업 지역에서의 현지 구매 비율	정성/정량	%
-	GRI 207 : Tax	207-1	조세 접근법	정성/정량	수
-	GRI 207 : Tax	207-2	조세 구조, 통제 및 위험관리	정성	-
-	GRI 207 : Tax	207-3	조세관련 이해 관계자 참여 및 관심사에 대한 관리	정성	-
-	GRI 207 : Tax	207-4	국가별 보고	정량	수, 기간
-	GRI 407 : Freedom of Association and Collective Bargaining	407-1	근로자의 결사 및 단체 교섭의 자유가 심각하게 침해될 소지가 있다고 판단된 사업장 및 협력회사	정성	-
-	GRI 408 : Child Labor	408-1	아동 노동 발생 위험이 높은 사업장 및 협력회사	정성	-
-	GRI 409 : Forced or Compulsory Labor	409-1	강제 노동 발생 위험이 높은 사업장 및 협력회사	정성	-
-	GRI 415 : Public Policy	415-1	정치적 기부	정성	-

분류	구분	지표	지표내용	정성/정량	단위
-	GRI 417: Marketing and Labeling	417-1	제품 및 서비스 정보와 라벨링	정성	-
-	GRI 417: Marketing and Labeling	417-2	제품 및 서비스 정보와 라벨링에 관한 법률규정 및 자율규정을 위반한 사건	정량	개
-	GRI 417: Marketing and Labeling	417-3	마케팅 커뮤니케이션과 관련된 규정 위반	정량	개

2. ESG 정보, 어디서 찾을까?

강의를 하다 보면, "더 공부해 보고 싶은데, 어디서 자료를 찾아봐야 할까요?"라는 질문을 자주 받는다. ESG 관련 정보는 인터넷 검색만으로도 쉽게 접근할 수 있지만, 막상 방대한 자료 속에서 어떤 것이 신뢰할 만한 정보인지 판단하기 어렵다는 고민이 뒤따른다. 또한, ESG 개념이 워낙 광범위하다 보니 파편화된 정보에 압도되거나, 경우에 따라서는 부정확한 자료에 의존하게 되는 위험도 있다.

이러한 고민을 해결하기 위해, ESG 실무자나 연구자들이 신뢰할 수 있는 공식적인 정보 출처들을 정리하였다. 아래 목록에는 ESG 보고 기준, 최신 동향, 기업의 지속가능경영 사례, 금융 및 투자 관련 자료 등을 확인할 수 있는 주요 웹사이트를 포함하였다. 각 출처별로 제공하는 정보의 특징과 활용 방법을 함께 소개하니, ESG를 보다 체계적으로 학습하고 싶은 독자들에게 도움이 될 것이다.

- Samil ESG (https://www.samilesg.com)
  - ESG 관련 기사 및 가이드라인 해석 제공
  - 국내외 ESG 트렌드를 파악하고 인사이트를 얻을 수 있는 플랫폼

- KRX ESG 포털 (https://esg.krx.co.kr)
  - 한국거래소KRX에서 운영하는 ESG 정보 포털
  - 상장기업의 지속가능경영보고서 및 기업
  - ESG 평가 등급 확인 가능

- 환경책임투자 종합 플랫폼 (https://www.gmi.go.kr/mainPage.do)
  - 환경경영 및 지속가능 금융 관련 정보 제공
  - 환경경영 컨설팅 사례 및 보고서 열람 가능

- 대한상공회의소 '으쓱' (https://esg.korcham.net)
  - ESG 트렌드 및 사례 연구 자료 제공
  - 무료 강의 및 교육 자료 활용 가능

- 한국회계기준원 (https://kasb.or.kr/front/board/List5001.do)
  - IFRS ISSB 기준(S1, S2) 국문 번역본 확인 가능
  - 지속가능성 회계 기준과 공시 관련 자료 열람 가능

- Kosif(사회적책임포럼) (https://kosif.org)
  - CDP, SBTi 등 글로벌 ESG 이니셔티브 관련 자료 제공
  - 지속가능 금융 및 기업 책임 경영 사례 연구

- ESG 파이낸스 허브 (https://www.esgfinancehub.or.kr)
  - 금융사가 ESG 경영을 지원하기 위해 제공하는 플랫폼
  - ESG 금융 관련 법규, 정책, 사례 연구 확인 가능

- GRI(Global Reporting Initiative) (https://www.globalreporting.org)
  - ESG 공시의 글로벌 표준인 GRI 기준 제공
  - 기업의 지속가능성 보고서 작성 가이드라인 열람 가능

- EFRAG(European Financial Reporting Advisory Group) (https://www.efrag.org/en)
  - EU 지속가능성 보고 기준ESRS 관련 정보 제공
  - 유럽 기업들의 ESG 공시 가이드라인 및 보고 의무 확인 가능

- ESG코리아뉴스 (https://esgkoreanews.com)
  - 국내 ESG 관련 최신 뉴스 제공
  - 기업 및 정부의 ESG 정책 동향 분석

- ESG 경제 (https://www.esgeconomy.com)
  - ESG 경영 및 투자 관련 뉴스 제공
  - 지속가능경영과 관련된 국내외 최신 동향 분석
- 임팩트온(Impact ON) (https://www.impacton.net)
  - 사회적 가치와 ESG 관련 연구 및 리포트 제공
  - 임팩트 투자 및 지속가능한 비즈니스 모델 연구 자료 열람 가능

ESG를 제대로 이해하고 실무에 적용하기 위해서는 단순한 정보 습득을 넘어, 신뢰할 수 있는 출처에서 제공하는 공식적인 자료를 기반으로 학습하는 것이 중요하다. 위의 정보 출처들은 ESG 공시, 지속가능경영 전략, 금융 및 투자 등 다양한 영역에서 활용될 수 있으며, 기업뿐만 아니라 연구자와 개인 투자자에게도 유용한 자료를 제공한다.

ESG를 공부하면서 더 깊이 있는 분석이 필요하거나, 특정 기준에 대한 세부 내용을 확인하고 싶을 때는 위의 플랫폼을 적극 활용해 보는 것을 추천한다.

ESG경영과 진짜 실무

초판 1쇄 인쇄 2025년 6월 25일
초판 1쇄 발행 2025년 7월 10일

지은이 박원일
펴낸이 정용수

편집장 차인태
디자인 정은진
영업·마케팅 김상연·정경민
제작 김동명
관리 윤지연

펴낸곳 ㈜예문아카이브
출판등록 2016년 8월 8일 제2016-000240호
주소 서울시 마포구 동교로18길 10 2층
문의전화 02-2038-3372 **주문전화** 031-955-0550 **팩스** 031-955-0660
이메일 archive.rights@gmail.com **홈페이지** ymarchive.com **인스타그램** yeamoon.arv

ISBN 979-11-6386-493-6 03320
한국어판 출판권 ⓒ 예문아카이브, 2025

㈜예문아카이브는 도서출판 예문사의 단행본 전문 출판 자회사입니다.
널리 이롭고 가치 있는 지식을 기록하겠습니다.
이 책 내용의 전부 또는 일부를 이용하려면 반드시 저작권자와 ㈜예문아카이브의 서면 동의를 받아야 합니다.

*책값은 뒤표지에 있습니다. 잘못 만들어진 책은 구입하신 곳에서 바꿔드립니다.